IMMER EIN ASS IM ÄRMEL

Sinnvolle Lückenfüller für soziales Lernen

Arthur Thömmes

60 Rätsel, Denkanstöße und Spielideen

Verlag an der Ruhr

Impressum

Titel

Immer ein Ass im Ärmel. Sinnvolle Lückenfüller für soziales Lernen
60 Rätsel, Denkanstöße und Spielideen

Autor

Arthur Thömmes

Umschlagmotive und Motive im Innenteil

Spielkarten: © bsd studio – stock.adobe.com,
Icons: © blan-k – Shutterstock.com
Illu Stift: Anja Boretzki

Druck

AZ Druck und Datentechnik GmbH, Kempten, DE

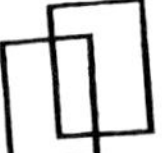

Verlag an der Ruhr
Mülheim an der Ruhr
www.verlagruhr.de

Geeignet für die Klassen 5–10

ISBN 978-3-8346-6389-4

Disclaimer:
In diesem Buch werden digitale Tools von Drittanbieter*innen erwähnt und bezüglich ihrer didaktischen Eignung für den Unterricht empfohlen. Die angegebenen Links führen zu den Angeboten dieser Drittanbieter*innen. Die dort aufgeführten Inhalte entziehen sich daher dem Einfluss von Verlag und Autor*in, die nicht verantwortlich für die Richtigkeit und Rechtmäßigkeit dieser Inhalte sind. Sämtliche Links dienen ausschließlich der Zugangserleichterung und Zusammenfassung zu den Drittangeboten – der Verlag macht sich diese Angebote nicht zu eigen.
Zum Zeitpunkt der Drucklegung wurden die entsprechenden Tools der Drittanbieter*innen auf ihre didaktische Eignung im Unterricht sowie auf offensichtlich rechtswidrige Inhalte geprüft. Eine fortlaufende Prüfung dieser Drittinhalte auf ihre Rechtmäßigkeit und Aktualität ist dem Verlag nicht möglich.
Die Prüfung der jeweiligen Nutzungsbedingungen und Vorgaben solcher Drittinhalte sowie die Zulässigkeit einer Verwendung im Unterricht obliegt der jeweiligen Lehrkraft bzw. der Schule.

Für meine Enkelkinder
Paula, Justus, Jakob,
Friedrich, Elise und Albrecht

Inhaltsverzeichnis

Kennenlernen und wahrnehmen | 9

Die Klassengemeinschaft stärken | 31

Konflikte klären | 49

Ich-Stärke entwickeln | 69

Miteinander reden | 89

Soziale Werte | 107

Vorwort

Liebe Kolleg*innen[1],
es gibt viele unterschiedliche Faktoren (Familie, Freundeskreis, Schule, Gesellschaft, soziale Medien, Umwelt usw.), die die körperliche, geistige und psychische Entwicklung von Kindern und Jugendlichen beeinflussen. Das betrifft z. B. den Bereich der Lern- und Kompetenzentwicklung, der psychischen Gesundheit und der persönlichen und sozialen Weiterentwicklung.

Dieses Büchlein widmet sich schwerpunktmäßig dem sozialen Lernen, einem Kompetenzerwerb, der sich fächerübergreifend durch den gesamten Schulalltag ziehen kann und den negativen Folgen der oben erwähnten Entwicklung entgegentreten kann.

Im Unterricht gibt es immer wieder kurze Phasen, die sinnvoll gefüllt werden können. Dieser Band bietet 60 Ideen, um solche unerwarteten Lücken kreativ und unterhaltsam mit Spielen, Gesprächen, Rätseln und vielen weiteren Ideen zu füllen.

---

[1] Der Verlag an der Ruhr legt großen Wert auf eine geschlechtergerechte und inklusive Sprache. Daher nutzen wir das Gendersternchen, um sowohl männliche und weibliche als auch nichtbinäre Geschlechtsidentitäten einzuschließen. Alternativ verwenden wir neutrale Formulierungen. In Texten für Schüler*innen finden sich aus didaktischen Gründen neutrale Begriffe bzw. Doppelformen.

Die Ideen werden kurz und verständlich erläutert. Sie können schnell umgesetzt werden und benötigen fast keine Materialien. Sollte doch einmal Material vonnöten sein, wird das durch dieses Icon angezeigt.

Die meisten Ideen können zusätzlich immer wieder aufgegriffen und in neuen Unterrichtslücken fortgesetzt werden. Besonders vorteilhaft für den Lernprozess ist dabei der Einsatz von digitalen Medien. Sie sind zeit- und ortsunabhängig. So besteht die Möglichkeit, in kurzen Zeitabschnitten in der Schule eröffnete Arbeiten zu Hause oder in der nächsten Zeitlücke weiterzuführen.
Bitte achten Sie darauf, dass die Schüler*innen Schulgeräte verwenden und keine personenbezogenen Daten angeben.

Außerdem passt dieser Band mit seiner handlichen Größe in jede Tasche und kann so jederzeit als kleine Fundgrube für soziales Lernen genutzt werden.

Ich wünsche Ihnen und Ihren Schüler*innen viel Spaß und ein gutes Miteinander!

Arthur Thömmes

Kennenlernen und wahrnehmen

Fake News

Darum geht's

Bei diesem Kennenlernspiel geht es um Lüge und Wahrheit. Es bietet Einblicke in das Leben der Lernenden und der Lehrkraft. Je nach Zeit können zwei bis drei Lernende jeweils drei Dinge aus ihrem Leben und über sich berichten. Darunter ist eine Lüge, die die Mitschüler*innen durch kluges Nachfragen herausfinden sollen.

So geht's

Erläutern Sie die Übung und deren Bedeutung: „Bei dieser Übung steht das bessere Kennenlernen im Mittelpunkt. Es geht um Fake News, also um erfundene Informationen. Dazu werde ich euch jetzt drei Informationen über mich und mein Leben mitteilen. Eine Angabe ist dabei falsch. Ihr kennt mich ja bereits ein wenig und solltet genau überlegen, warum etwas wahr oder falsch sein könnte. Ihr habt auch die Möglichkeit zum Nachfragen. Und wenn ihr euch entschieden habt, solltet ihr eure Entscheidung begründen. Am Ende werde ich euch dann sagen, welches die falsche Information ist. Anschließend kann jemand von euch ein neues Spiel beginnen."

Hinweise

- Die Vorstellenden sollten ihre Fakten möglichst ernsthaft und überzeugend vortragen.
- Die Auswahl der vermeintlichen Lüge sollte begründet werden.
- Um das Eis zu brechen, können Sie mit einem Beispiel beginnen.
- Die Geschichten oder Informationen aus dem Leben sollten möglichst originell und unterhaltsam sein.

Varianten

- Die Anzahl der Fakten und der Unwahrheiten kann vorher festgelegt werden und variieren.
- Die Lernenden signalisieren durch Handzeichen, ob sie die Information für Wahrheit oder Lüge halten. Dabei ist es interessant, auf die zahlenmäßigen Einschätzungen zu achten.

Visitenkarte

Darum geht's

Visitenkarten sind besonders im geschäftlichen Bereich üblich und bieten grundlegende Informationen über einen Menschen, um eine Geschäftsbeziehung aufbauen zu können (Name, Funktion, Anschrift, Telefonnummer, E-Mail-Adresse). In dieser Übung geht es um mehr als Fakten über eine Person. Im Mittelpunkt stehen besondere Eigenschaften oder Fähigkeiten, die die Person in der Klasse einbringen kann. Und diese Informationen kommen nicht von den Lernenden selbst, sondern von Mitschüler*innen.

 Zettel mit den Namen aller Schüler*innen

So geht's

Geben Sie zunächst eine Einführung in die Übung und deren Bedeutung für die Klassengemeinschaft: „Eure Aufgabe besteht darin, eine Visitenkarte über eine*n Mitschüler*in herzustellen. Dazu ziehen alle gleich einen Zettel, auf dem der Name der betreffenden Person genannt wird. Diese anzufertigende Visitenkarte enthält keine Namen und auch keine persönlichen Daten. Ihr vermerkt darauf nur eine besondere Fähigkeit oder Eigenschaft, die diese Person besitzt und die wertvoll für die Klassengemeinschaft ist. Dazu nennt ihr zunächst eine zusammenfassende Bezeichnung für die

Person (z. B.: der Streitschlichter, der Zuhörer, die Mutmacherin) und dann formuliert ihr einen passenden Satz zur Beschreibung (z. B.: ‚Sie ist nicht aus der Ruhe zu bringen und schenkt der Klasse Gelassenheit'). Einzelne Visitenkarten stellen wir immer zwischendurch bei entsprechenden kurzen Pausen gegenseitig vor und erraten die Person."

Hinweise

- Die Visitenkarten können kreativ und ansprechend gestaltet werden.
- Die geratene Person bekommt die Karte überreicht.

Varianten

- Die Visitenkarten werden digital erstellt und präsentiert (z. B. mit www.taskcards.de) und können so jederzeit von allen abgerufen werden.
- Die einzelnen Schüler*innen erstellen eigene Visitenkarten, auf denen sie sich und ihre Stärken vorstellen, die sie in die Klassengemeinschaft einbringen wollen.

Der Streitschlichter
klärt jede Meinungsverschiedenheit und sorgt für Harmonie

3

Digitaler Stuhlkreis

Darum geht's

Der browserbasierte digitale Stuhlkreis (https://digitaler-stuhlkreis.de/checkin) bietet eine anregende und unterhaltsame Möglichkeit des gegenseitigen Kennenlernens. Dabei werden vor allem persönliche Einstellungen zu zufällig ausgewählten Themen in die Runde eingebracht.

Smartphone für die Lehrkraft, evtl. Beamer, Whiteboard o. Ä.

So geht's

Stellen Sie zunächst die virtuelle Seite vor und erläutern Sie die Handhabung: „Ich stelle euch jetzt eine schöne Möglichkeit eines digitalen Stuhlkreises vor, den wir in der Klasse bei kleinen Pausen immer wieder nutzen können. Dabei haben wir eine Auswahl unter mehreren Kategorien (Checkin, Kennenlernen, Entweder oder, Teamarbeit, Checkout usw.).
Ein Zufallsgenerator wählt dabei eine Frage aus, die die jeweilige Person kurz beantworten kann. Es sind z. T. ungewöhnliche und manchmal auch sehr persönliche Fragen, bei denen ihr selbst entscheidet, ob ihr sie beantworten wollt. Wenn nicht, gebt ihr die Frage an eine Person eurer Wahl weiter oder entscheidet euch für eine andere Frage. Ich beginne mit der ersten Frage, die sich an mich selbst richtet."

Hinweis

Dieser digitale Eisbrecher kann unkompliziert mit Smartphone und Beamer umgesetzt werden. Aber auch das Vorlesen der Frage ohne Projektion ist möglich. Das Tool bietet nicht nur Fragen, sondern auch Denkanstöße und Anregungen für Gespräche, die im Unterricht aufgegriffen werden können.

Varianten

- ✗ Der digitale Stuhlkreis lässt sich auch gut in kleineren Gruppen umsetzen, die die Lernenden selbst festlegen.
- ✗ Eine analoge Variante: Die Lernenden entwickeln eigene Fragen, die auf die Klassengemeinschaft zugeschnitten sind. Sie werden auf Karten geschrieben. Auf der Rückseite werden Nummern notiert. Eine vorher festgelegte Startperson nennt die erste Nummer, die beantwortet werden soll.

Wem gehört was?

Darum geht's

Jeder Mensch besitzt Gegenstände, die für ihn wichtig sind und die etwas über ihn aussagen. Bei diesem Kennenlernspiel sollen persönliche Gegenstände „zum Sprechen" gebracht werden.

So geht's

Bitten Sie die Schüler*innen, an einen Gegenstand zu denken, den sie bei sich führen und der etwas über sie erzählen kann. Das kann ein Lieblingsstift, ein Schlüssel oder ein Smartphone sein. Wer möchte, kann diesen Gegenstand nehmen und der Lehrkraft unauffällig geben. Die Gegenstände werden für alle sichtbar platziert.
Wählen Sie einen Gegenstand aus. Die Lernenden überlegen, wem er gehören könnte. Der*die Besitzer*in erläutert kurz, warum dieser Gegenstand für ihn*sie wichtig ist.

Hinweis

Ist das Wahrnehmungsspiel eingeführt, kann es jederzeit schnell umgesetzt werden.

Variante

Die Lernenden malen die Gegenstände auf eine Karte.
Auf das Kartensortiment kann jederzeit zugegriffen werden.

5

Vier Ecken

Darum geht's

Bei diesem schnellen Kennenlernspiel geht es darum, Position zu beziehen oder Vorlieben zu benennen und zu sehen, was andere denken und wo sie stehen.

So geht's

Erläutern Sie zunächst das Spiel: „Ich nenne euch jetzt vier unterschiedliche Thesen, die jeweils einer Ecke des Klassenraums zugeordnet sind. Überlegt kurz, mit welcher These ihr euch am meisten identifizieren könnt, und begebt euch dann in die entsprechende Ecke. Schaut euch um, wer noch dort steht und unterhaltet euch kurz über die These."
Die Thesen können z. B. lauten:

1. Ich liebe es, mich in sozialen Netzwerken aufzuhalten und zu beobachten, welche Bilder und Texte andere posten.
2. Ich verbringe sehr viel Zeit mit dem Streamen von Serien.
3. Ich treffe mich am liebsten mit Freund*innen, um mit ihnen gemeinsam Zeit zu verbringen.
4. Mir ist das Zusammensein mit meiner Familie ganz wichtig.

Hinweise

- Die Ecken sind jeweils mit einer Zahl versehen, damit die Auswahl leichter zugeordnet werden kann.
- Die einzelnen Themen sollten nach Möglichkeit originell und ansprechend formuliert sein.

Varianten

- Schüler*innen erstellen einen Pool mit unterschiedlichen Fragen und Thesen, auf die jederzeit zugegriffen werden kann.
- Falls eine längere Zeitspanne zur Verfügung steht, können die Gruppen gemischt werden. So könnten spannende und kontroverse Gespräche initiiert werden.
- Für die vier Ecken werden Themen vorgegeben (Sport, Musik, Netflix, Instagram etc.). So finden sich verschiedene Gesprächskreise schnell zusammen.

Speed Dating

Darum geht's

Wie der Name sagt, geht es bei dieser Übung um zeitlich kurze Treffen, in denen sich wechselnde Gesprächspartner*innen über ein vorgegebenes Thema austauschen.

So geht's

Die Lernenden bewegen sich im Raum. Wenn ein Signal erklingt, stellen sich zwei Personen zusammen. Geben Sie das Thema des kurzen Gesprächs (ca. eine Minute) bekannt (z. B.: „Was hasst du und was liebst du? Wann bist du glücklich? Was ist deine Lieblingsmusik? Wem möchtest du gerne einmal begegnen?"). Nach Ablauf der Minute erklingt ein Zeichen und die Schüler*innen bewegen sich wieder im Raum. Beim nächsten Signal finden sich zwei neue Partner*innen für ein kurzes Gespräch zu einem neuen Thema zusammen.

Hinweise

- Die Gesprächspartner*innen sollten beide in der kurzen Gesprächszeit zu Wort kommen. Wichtig ist es außerdem, der anderen Person gut zuzuhören.
- Die Lernenden können im Laufe der Zeit einen Fragepool füllen, auf den dann beim nächsten Speed Dating zugegriffen werden kann.
- Wenn die Übung bereits einige Male durchgeführt wurde, können die Lernenden das Spiel selbst organisieren und in Eigenregie durchführen.

Netzwerk

Darum geht's

Mithilfe eines Wollknäuels wird Schritt für Schritt bzw. Wurf für Wurf ein Netz geknüpft. Dabei treten die einzelnen Schüler*innen durch Fragen und Antworten in den Mittelpunkt.

 Wollknäuel

So geht's

Die Schüler*innen bilden stehend oder sitzend einen Kreis. Beginnen Sie das Spiel, indem Sie einen Faden eines Wollknäuels um einen Finger wickeln und das Knäuel dann einer Person zuwerfen. Dabei stellen Sie eine Frage, die die fangende Person knapp beantworten soll (z. B.: „Was ist dein Lieblingsort?", „Was bereitet dir manchmal Kopfzerbrechen?"). Ist die Frage beantwortet, wickelt sich die Person den Faden um den Finger, wirft das Wollknäuel weiter an die nächste Person und stellt dieser eine neue Frage. Auf diese Weise entspannt sich ein Netz durch den ganzen Kreis.

Hinweise

- Um das Spiel nicht zu verzögern, sollten die Fragen nicht erst beim Werfen überlegt werden.
- Je nach Zeitansatz können mehrere Kreise gebildet werden.

Varianten

- Wenn nur wenig Zeit ist, können alle Schüler*innen dieselbe Frage beantworten, die zu Beginn von der Lehrkraft vorgegeben wird.
- Erstellen Sie eine Liste mit Satzanfängen. Der*die Fänger*in wählt einen Satzanfang aus und führt ihn zu Ende.

8

Kurze Geschichten würfeln

Darum geht's

Bei diesem Spiel steht das Geschichtenerzählen mithilfe von visuellen Symbolen im Mittelpunkt. Dazu wird ein browserbasiertes Tool genutzt, mit dessen Hilfe immer wieder neue Symbole gewürfelt werden. Die Geschichten sollten einen persönlichen Bezug zur*zum Geschichtenerzähler*in haben.

Whiteboard oder andere Möglichkeit der Darstellung von Websites

So geht's

Erläutern Sie die Übung: „Wir wollen in der kurzen Zeit, die uns noch bleibt, Geschichten erzählen. Das machen wir mithilfe von visuellen Impulsen, die uns die Seite https://davebirss.com/storydice/ bietet. Auf den fünf Würfeln werden unterschiedliche Symbole (z. B.: Pizza, Pflaster, Fernglas, Brief, Gitarre) angezeigt. Sie bilden die Grundlage für kurze Geschichten aus dem Leben."
Beginnen Sie mit der ersten Geschichte. Danach können per Mausklick neue Motive gewürfelt werden und die nächste Geschichte kann entstehen.

Hinweis

Je nach Zeiteinsatz kann eine Version mit fünf oder mit neun Würfeln genutzt werden.

Varianten

- Es können auch mehrere Würfelgeschichten-Runden gespielt werden. Dazu braucht jede Gruppe ein Smartphone zur Bildwiedergabe.
- Die Geschichte wird als Kette erzählt, indem die Schüler*innen nacheinander an der Reihe sind.
- Für eine analoge Nutzung von Würfeln können Würfelsets (Story-Cubes) käuflich erworben werden. Sie bieten eine Vielzahl an Symbolen.
- Erstellen Sie Ihre eigene Bildkartei, die nach und nach erweitert werden kann. Das funktioniert sowohl analog als auch digital.

Das bin ich!

Darum geht's

Damit diese Übung in mehreren Unterrichtslücken genutzt werden kann, müssen die Lernenden zunächst eigenständig (zu Hause oder in der Schule) ein Suchsel entwerfen.
Das kann gut mit der Suchselmaschine umgesetzt werden, die es von einigen kostenlosen Anbieter*innen im Internet gibt, zum Beispiel http://suchsel.bastelmaschine.de/.
Hierbei sollten schuleigene Geräte verwendet werden.
Ein Suchsel ist ein Gitterrätsel, in dessen Buchstabensalat Begriffe senkrecht, waagerecht und diagonal versteckt sind. Darin sollten möglichst viele Begriffe versteckt sein, die die Person beschreiben. Das können Eigenschaften, aber auch Wohnort, Hobby u. a. sein. Das Suchsel ist schnell erstellt, denn es müssen nur die Begriffe eingetragen und einige Einstellungen vorgenommen werden.

So geht's

Wählen Sie für den Einsatz in der Zeitlücke eine Anzahl an Suchseln aus, die Sie nutzen wollen, z. B. vier verschiedene Suchsel. Drucken Sie diese aus und verteilen Sie sie an alle. Geben Sie eine Zeit vor, in der möglichst viele Wörter gefunden werden sollen. Mithilfe der gefundenen Begriffe werden anschließend die vier Schüler*innen vorgestellt.

Die vorgestellten Personen können die Präsentation ergänzen und einzelne Begriffe erläutern.

Hinweis

Bei der Gestaltung der Buchstabenrätsel gibt es unterschiedliche Schwierigkeitsgrade.

Varianten

- ✗ Natürlich kann ein Buchstabensalat auch mit Hand erstellt werden, was aber mit einem größeren Aufwand verbunden ist.
- ✗ Die Schüler*innen erstellen Suchsel, die eine andere Person wertschätzend beschreiben sollen.

G	D	B	E	H	F	T	G	D	R	T	A	S
C	U	S	E	A	K	I	M	S	U	E	K	D
Q	H	G	U	L	S	H	O	P	P	E	N	T
D	Ö	P	S	O	H	M	U	N	C	U	I	Ö
P	S	P	O	N	T	A	N	L	D	K	G	E
U	A	E	S	R	L	U	T	G	H	R	D	I
F	H	B	K	G	I	T	A	R	R	E	R	G
Q	A	H		R	A	E	I	G	R	A	K	L
T	G	T		S	Q	P	N	B	U	T	A	N

Verbale Selfies

Darum geht's

Selbstporträts (Selfies) sind in sozialen Netzwerken sehr beliebt. Es stehen vor allem Äußerlichkeiten im Vordergrund. Bei diesem Spiel geht es um mehr, nämlich um die Persönlichkeit mit ihrem Denken und Fühlen. Die Schüler*innen sollen den Blick auf sich richten, um so ihre Selbstdarstellung zu erweitern.

 vorbereitete Karten, Klebefilm

So geht's

Grundlage für dieses Spiel sind Fragen, die sich auf das Ich beziehen, also Aussagen, die etwas über einen Menschen berichten. Solche Fragen sind z. B.: „Was ist mein wichtigster Charakterzug?", „Was ist mir wichtig?", „Welche Dinge, Menschen oder Erfahrungen geben mir in meinem Leben Energie und Freude?", „Wo liegen meine Schwächen und Stärken?", „Wie prägen Erfolge und Misserfolge mein Leben?", „Wie gehe ich mit Enttäuschung um?", „Wovor habe ich Angst?", „Was tue ich, um glücklich zu sein?"
Die Fragen werden von der Lehrkraft vorbereitet, auf Karten notiert und in einen Behälter gelegt. Jede*r Schüler*in zieht eine Frage, schreibt seine*ihre persönliche Antwort auf die Rückseite und befestigt die Karte an seinem*ihrem

Körper. Das Selfie-Spiel beginnt: Alle bewegen sich im Raum und unterhalten sich nach einem Zeichen mit ihrem Gegenüber über die Selfie-Fragen. Die Runde wird fortgesetzt.

Hinweis

Da es sich bei diesem Spiel um sehr persönliche Fragen handelt, sollten die Lernenden entscheiden, welche Frage sie beantworten wollen.

Varianten

- ✗ Die Übung kann auch mit Satzanfängen durchgeführt werden (z. B.: „Wenn ich glücklich bin, …", „Wenn ich mich ärgere, …", „Wenn mich jemand nervt, …").
- ✗ Die Lernenden gestalten ihre persönlichen Selfies weiter aus und präsentieren sie der Klasse.

Die Klassen-gemeinschaft stärken

Klassen-Metapher

Darum geht's

Bildhafte Vergleiche können dabei unterstützen, eine genauere Vorstellung von etwas zu bekommen. Mithilfe von Metaphern unternehmen die Lernenden den Versuch, ein realistisches Bild ihrer Klasse zu zeichnen.

So geht's

Die Schüler*innen erhalten die Aufgabe, ihre Klasse bildhaft zu umschreiben und dies zu begründen, z. B.: „Unsere Klasse ist eine Fußballmannschaft. Wir spielen gemeinsam nach vorgegebenen Regeln und wollen Tore schießen." oder „Unsere Klasse ist das Dschungelcamp. Hauptsache überleben!" Einige Ergebnisse werden präsentiert und besprochen. Die anderen werden sichtbar im Klassenraum befestigt.

Hinweis

Weitere Metaphern können immer wieder in zeitlichen Lücken thematisiert werden.

Variante

Die Metapherübung kann im Vorfeld online erfolgen und dann im Unterricht besprochen werden.

Beziehungspflege

Darum geht's

Eine Klassengemeinschaft ist zunächst eine Zweckgemeinschaft, die manchmal über mehrere Jahre besteht. Dabei entstehen Beziehungen zwischen den Beteiligten. Und Beziehungen sollten gepflegt werden, damit sie Bestand haben.

So geht's

Die Beziehungen innerhalb einer Klassengemeinschaft können durch unterschiedliche Methoden zwischendurch gestärkt werden. Das können z. B. Rituale sein, die immer wieder in Unterrichtslücken genutzt werden. In Murmelrunden tauschen sich die Lernenden aus, ohne dass ein großes Stühlerücken notwendig wird. Dabei bewegen sich die Lernenden ruhig durch den Raum. Auf ein Zeichen hin bleiben alle stehen und nahe stehende 3er-Gruppen kommen zu einem kurzen Gespräch zusammen.
Die Lernenden entwickeln eigene Begrüßungsrituale und zeigen so Aufmerksamkeit füreinander.

Hinweis

Die Lehrkraft sollte immer einen Blick auf das Beziehungsgeflecht innerhalb einer Klasse haben.

Knotenspiel

Darum geht's

Dieses gruppendynamische Spiel kann immer wieder zwischendurch gespielt werden, um die Gemeinschaft zu stärken. Dabei steht die gemeinsame Problemlösung im Mittelpunkt.

So geht's

Eine Gruppe von acht bis zehn Schüler*innen stellt sich Schulter an Schulter in einem Kreis auf. Alle strecken ihre Hände in die Mitte. Nun ergreifen alle zwei Hände. Dabei ist es wichtig, dass es keine Hände der benachbarten Person sind. Auch müssen die ergriffenen Hände von verschiedenen Personen stammen. Die Aufgabe besteht nun darin, den entstandenen Knoten gemeinsam durch Versuch und Irrtum zu lösen. Dabei dürfen die Hände zwar ineinander gedreht, aber nicht losgelassen werden. Die Nichtspieler*innen beobachten den Lösungsprozess und können evtl. durch Hinweise zur Problemlösung beitragen.

Hinweis

Falls Zeit bleibt, sollte die Übung reflektiert und auf die Lösungskompetenz der Klassengemeinschaft übertragen werden.
Wichtig ist wegen der vielfältigen Bewegungen ein rücksichtsvoller Umgang bei der Durchführung. Je nach Gruppe empfiehlt es sich, im Vorfeld Verhaltensregeln zu vereinbaren.

Spielespaß

Darum geht's

Zur Auflockerung und Förderung der Klassengemeinschaft ist der Einsatz von kurzen Spielen, die Spaß bereiten, sehr sinnvoll. Dabei sind die Lernenden selbst diejenigen, die die Spiele aussuchen, erläutern und durchführen.

 evtl. Tablet/Smartphone/Laptop, Internetzugang

So geht's

Die Klasse erstellt im Laufe der Zeit ein individuelles Spielerepertoire, das körperlich und geistig Bewegung in die Klasse bringen soll. Dazu eignen sich immer wieder Zeiten, in denen im normalen Unterrichtsablauf Lücken entstehen. Erstellen Sie dazu auf einer digitalen Pinnwand (z. B. TaskCards oder Padlet) eine Vorlage, zu der alle Schüler*innen Zugang haben. Hier können zunächst Kategorien erstellt werden (Bewegungsspiele, Ratespiele, Rätsel, Quiz, Onlinespiele, Kreativspiele usw.). Anschließend wird die Pinnwand mit Spielvorschlägen gefüllt. Der*die Ideengeber*in stellt sich damit auch als Spielemoderator*in zur Verfügung. Bei entsprechenden Unterrichtspausen kann dann auf die Spielekartei zugegriffen werden.

Hinweise

- Wichtig ist eine Namensliste, damit nicht jedes Mal gefragt wird, wer denn nun bei der Moderation an der Reihe ist.
- Ein Spiel sollte bei der Neueinführung zunächst mit den Regeln und Verhaltensweisen vorgestellt werden.

Variante

Es wird eine analoge Version der Spielekartei angelegt.

Dreamteam

Darum geht's

Welche persönlichen Eigenschaften sind in einer guten Klassengemeinschaft wichtig? Diese Fragen veranschaulichen die Lernenden in einem kurzen Rollenspiel.

So geht's

Erläutern Sie die Übung: „Die Persönlichkeit eines Menschen setzt sich aus unterschiedlichen Eigenschaften zusammen. Sie beeinflussen sein Denken und Handeln. So kennzeichnen wir gerne andere mit solchen Eigenschaften: ‚Sie ist die geborene Zuhörerin! Er ist ein richtiger Mutmacher! Sie ist eine hervorragende Beraterin!' Eure Aufgabe besteht darin, eine kleine Liste mit positiven Eigenschaften zu entwickeln, die momentan wichtig für eure Klassengemeinschaft sind. Dabei schlüpft ihr bei eurem Vorschlag in die Rolle der Eigenschaft und begründet eure Auswahl (z. B.: ‚Ich bin die Geduld. Ich bin momentan wichtig, weil wir in Mathe Zeit brauchen, um alles gut zu verstehen.')."

Hinweis

Wenn Zeit bleibt, kann die Übung auch realistisch und personenbezogen umgesetzt werden („Du denkst immer positiv, wenn die meisten von uns die Dinge eher dramatisieren und negativ sehen!“).

Variante

Um in unruhigen Zeiten einen besonderen Blick auf die Gruppendynamik zu werfen, werden die negativen Eigenschaften und Einflüsse betrachtet („Ich bin die Aggressivität und störe mit meinen Aktionen massiv die Klassengemeinschaft!“ oder „Ich liebe die Unruhe, weil ich so Unfrieden stiften kann!“).

Breaking News

Darum geht's

Zum Wohlfühlen in einer Klassengemeinschaft gehört auch, dass man sich gegenseitig über Neuigkeiten und aktuelle Klassenbefindlichkeiten informiert. Dazu bietet eine News-Schlagzeile eine anschauliche Möglichkeit.

je Kleingruppe ein Tablet/Smartphone/Laptop, Internetzugang

So geht's

Es werden Kleingruppen gebildet, deren Aufgabe es ist, die Klasse betreffend, „Breaking News" zu formulieren. Mithilfe der Website www.classtools.net/breakingnews/ können die Lernenden eine Schlagzeile sowie eine kurze Ergänzung formulieren. Ein passendes Foto kann die Nachricht unterstützen. Die einzelnen News-Schlagzeilen werden kurz vorgestellt und erläutert. Weisen Sie Ihre Schüler*innen an, keine personenbezogenen, sensiblen Daten (auch keine Bilder!) einzugeben.

Hinweis

Da nicht viel Zeit für diese Meldungen bleibt, können sie auf einer Newsseite kommentiert und ergänzt werden. Dazu kann z. B. auf https://tools.fobizz.com eine kollaborative Pinnwand erstellt werden, wo die News eingestellt werden können. Auch hier gilt der Hinweis, keine personenbezogenen sensiblen Daten preiszugeben.

Tipps für ein gutes Miteinander

Darum geht's

Was braucht ein Team für ein gutes Miteinander? Die Schüler*innen entwickeln Tipps und Anregungen für ihre ganz persönlichen Teams.

 bunte Plakate für alle Schüler*innen

So geht's

Eine Gemeinschaft oder ein Team funktioniert am besten, wenn alle achtsam und wertschätzend miteinander umgehen. Nicht die einzelne Person steht im Mittelpunkt, sondern die gemeinsame Aufgabe. Das gilt für alle Gruppen, in denen Menschen zusammen leben und arbeiten (Familie, Schulklasse, Fußballmannschaft, Jugendgruppe u. a.).
Die Aufgabe für die Lernenden: „Suche dir eine Gruppe aus, mit der du häufiger zusammen bist. Erstelle deine drei wichtigsten Tipps, die du für das gute Zusammenleben in dieser Gemeinschaft für unerlässlich hältst (z. B. ‚Wir vertrauen einander.' oder ‚Alle übernehmen Verantwortung!').
Den Tipp, der dir am wertvollsten erscheint, schreibst du auf ein bereitliegendes Plakat."
Es entsteht ein buntes Repertoire an Anregungen für ein gutes Miteinander. Damit kann bei Bedarf weitergearbeitet werden.

Hinweis

Bei dieser Übung ist es zunächst wichtig, die eigenen Gruppen persönlich unter dem Aspekt des sozialen Miteinanders zu reflektieren.

Varianten

- ✗ Die Tipps werden auf einer Online-Plattform zusammengetragen und für alle zur Verfügung gestellt. Als Weiterführung der Ideen kann ein „Best of" für die Klassengemeinschaft entstehen.
- ✗ Die Lernenden entwickeln „Zehn Gebote für ein gutes Miteinander".

Jeder, Jemand, Irgendjemand und Niemand

Darum geht's

Ein Team lebt davon, dass alle Mitglieder sich für die gemeinsame Aufgabe verantwortlich fühlen. Aber in der Praxis ist dies manchmal ziemlich schwierig. Was ist zu tun?

So geht's

Stellen Sie den Lernenden den folgenden Text zur Verfügung: „Das ist eine kleine Geschichte über vier Kollegen namens Jeder, Jemand, Irgendjemand und Niemand. Es ging darum, eine wichtige Arbeit zu erledigen und Jeder war sicher, dass sich Jemand darum kümmert. Irgendjemand hätte es tun können, aber Niemand tat es. Jemand wurde wütend, weil es Jeders Arbeit war. Jeder dachte, Irgendjemand könnte es machen, aber Niemand wusste, dass Jeder es nicht tun würde. Schließlich beschuldigte Jeder Jemand, weil Niemand tat, was Irgendjemand hätte tun können."[2]

[2] vgl. Charles Osgood: The Responsibility Poem, veröffentlicht in CBS Radio Network, später übernommen von Westwood One/Cumulus Media: The Osgood File (1971–2017)

Die Aufgabe besteht zunächst darin, zu analysieren, was in dem Beispiel passiert. Keiner fühlt sich verantwortlich, also macht es niemand. Wie kann der Kreislauf durchbrochen werden? Welche Lebensweisheit steckt hinter der Geschichte?

Hinweise

- Die Schüler*innen sollen möglichst konkret über ihre eigenen Erfahrungen in verschiedenen Gruppierungen sprechen.
- Natürlich sollte thematisiert werden, wie man der Gruppe helfen kann.

Variante

Die Lernenden schreiben den Text um in eine positive Variante.

Benimmregeln in sozialen Medien

Darum geht's

In den sozialen Medien treffen sich Menschen auf einer virtuellen Ebene. Hier gibt es andere Regeln und Verhaltensweisen als im realen Miteinander. Die Lernenden reflektieren ihr eigenes Verhalten in den sozialen Medien und formulieren positive Verhaltenstipps.

So geht's

Sprechen Sie zunächst kurz mit den Schüler*innen über deren Erfahrungen mit auffälligen Verhaltensweisen in sozialen Medien (z. B. WhatsApp, Instagram, Facebook, TikTok, Snapchat, Discord). Wie gehen sie mit falschen Behauptungen, Beschimpfungen oder Beleidigungen um? Und welches Verhalten würden sie sich von anderen wünschen?
Die Lernenden formulieren Verhaltensregeln, die für ein gutes Miteinander im Netz wichtig sind. Hier ein paar mögliche Beispiele:

- ✗ „Behaupte keine Unwahrheiten!"
- ✗ „Veröffentliche keine peinlichen Fotos von anderen Menschen!"
- ✗ „Achte auf das persönliche Recht am eigenen Bild!"

Hinweis

Die Tipps werden für alle sichtbar im Klassenraum befestigt.

Variante

Die Benimmregeln werden auf einem Klassen-Account veröffentlicht.

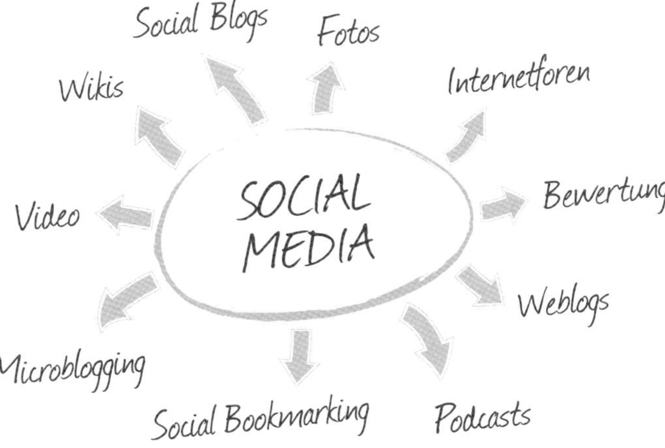

Außenseiterspiel

Darum geht's

Mobbing ist eine schlimme Erfahrung, die nicht vor dem Klassenzimmer Halt macht. Bei diesem Spiel sollen die Schüler*innen sich in die Rolle einer Außenseiterin bzw. eines Außenseiters versetzen und die Erfahrung benennen. Die Übung soll für die Thematik sensibilisieren.

So geht's

Die Lernenden stellen sich in kleinen Gesprächskreisen auf. Eine freiwillige Person soll nun versuchen, Kontakt zu den Gruppen aufzunehmen. Sie stellt sich dazu oder versucht, ein Gespräch zu beginnen. Die Gruppenmitglieder wenden sich aber ab. Sie behandeln sie wie Luft. Die Kreise werden immer dichter und abweisender. Die Rolle der außenstehenden Person wird in mehreren Durchgängen getauscht. Die Spieler*innen versuchen, die Erfahrung mit einem markanten Wort auszudrücken (z. B.: Angst, Hilflosigkeit).

Hinweis

In einem kurzen Gespräch wird versucht, diese Situation auf die Klassengemeinschaft zu übertragen und gemeinsam evtl. Anzeichen und Vorfälle zu benennen. Dabei wären weiterführende Gespräche sinnvoll.

Konflikte klären

Kummerrunde

Darum geht's

In der Klasse herrscht Unruhe, wenn es Ärger untereinander oder mit Lehrkräften gibt. Kummerrunden bieten die Möglichkeit, sich den Frust von der Seele zu reden.

 Kasten (Schuhkarton o. Ä.), Karten

So geht's

Im Klassenraum steht für alle zugänglich ein Kummerkasten zur Verfügung. Die Lernenden können jederzeit ihren Ärger, Frust oder ihre Sorgen dort hinterlassen. Dazu liegen Karten aus, auf denen die Anliegen notiert werden können. Das kann anonym oder mit Namensnennung geschehen. Die Karten werden im Kummerkasten gesammelt. Zu festgelegten Zeiten (z. B. Klassenlehrerstunden oder, falls er durchgeführt wird, beim Klassenrat) besteht dann die Möglichkeit, mithilfe der Karten Kummerrunden durchzuführen. Dazu wird eine Karte gezogen und das Anliegen vorgelesen. Alle können nun Stellung beziehen. Das Gespräch sollte vor allem lösungsorientiert gestaltet werden.

Hinweis

Das Instrument des Kummerkastens und die Anonymität können für einzelne Schüler*innen ermutigend wirken, ihr Anliegen vorzutragen.
Damit keine persönlichen Grenzen überschritten werden, sollten sich die Anliegen nur auf die Klassengemeinschaft beziehen.
Falls einzelne Schüler*innen persönliche Probleme mit der Lehrkraft besprechen wollen, können sie dies auf der Karte vermerken.

Variante

Alternativ oder auch ergänzend zum Kummerkasten, wird ein Lobkasten installiert. Hier können die Lernenden ihre positiven Eindrücke und Komplimente hinterlassen.
Die Lernenden werden mit der Technik der Fallberatung sowie der lösungsorientierten Kommunikation geschult, um so kompetent Konflikte gemeinsam zu lösen.

Gleichgewicht

Darum geht's

Auch in einer Klassengemeinschaft ist es wichtig, immer wieder die gesunde Balance zu überprüfen. Welche Personen, Probleme oder Themen stellen ein Ungleichgewicht her und wie können wir das korrigieren? Dazu bietet die folgende Übung einige Anstöße.

 Zollstock

So geht's

Erläutern Sie die Spielregeln: „Bei der folgenden Übung geht es um das Thema Gleichgewicht. Warum das so ist, werdet ihr gleich selbst erleben. Stellt euch zunächst in zwei Reihen gegenüber und streckt eure Zeigefinger nach vorn, sodass eine Art Reißverschluss entsteht. Alle Finger sind dabei auf derselben Höhe.
Ich lege jetzt einen Zollstock auf die Finger. Eure Aufgabe besteht darin, gemeinsam den Stock auf den Boden zu bewegen. Dabei muss jeder Finger den Stock berühren. Alle haben also immer Kontakt zum Stock. Falls dies nicht funktioniert, beginnt die Übung von vorn. Wenn ihr merkt, dass dies nicht gelingt, könnt ihr gemeinsam Absprachen und Strategien treffen, die das Vorhaben verbessern."

Im Anschluss an die Übung wird der Ablauf reflektiert und versucht, die Erfahrungen auf die Klassengemeinschaft zu übertragen.

Hinweis

Die Lernenden werden schnell merken, dass die Übung schwieriger ist als vermutet. Ermuntern Sie die Schüler*innen immer wieder, nicht aufzugeben und nach einer Lösung zu suchen.
Bei mangelnder Zeit kann die Reflexion mit angeleiteten Fragen online als Hausaufgabe umgesetzt werden: Wie haben wir als Team gearbeitet? Welche Probleme gab es? Wie kamen wir zu einer Lösung? Dazu bietet sich z. B. ein Etherpad an (https://yopad.eu). Hierbei empfiehlt sich, die Anwendung ausschließlich auf Schulgeräte zu beschränken und den Schüler*innen den Hinweis mit auf den Weg zu geben, keine personenbezogen Daten anzugeben.

Variante

Die Lernenden stellen sich auf einen Teppich oder eine Decke. Die Aufgabe besteht darin, gemeinsam den Teppich umzudrehen. Alle müssen auf dem Teppich stehen und keine*r darf dabei den Boden berühren.

Ja & Nein

Darum geht's

In einer Klasse gibt es immer wieder sehr unterschiedliche Positionen. Nicht alle trauen sich, ihre Meinung klar zu sagen. Diese Übung will dabei helfen, laut und deutlich Ja und Nein zu sagen.

So geht's

Die Schüler*innen stellen sich in zwei Gruppen auf, die sich in zwei Reihen gegenüberstehen: eine Ja-Gruppe und eine Nein-Gruppe. Eine Person der Ja-Gruppe beginnt und sagt laut und bestimmt „JA!". Die ihr gegenüberstehende Person antwortet ebenfalls laut und eindeutig „NEIN!".
Es folgt ein*e Ja-Sager*in, darauf wieder ein*e Nein-Sager*in und immer so weiter, bis jede Person einmal laut und deutlich gerufen hat. Am Schluss schreien sich die beiden Gruppen gleichzeitig an. Nach einer ersten Runde wechseln die Lernenden die Seiten: Ja-Sager*innen werden zu Nein-Sager*innen und umgekehrt.

Hinweis

Für manche kostet diese Übung zunächst ein wenig Überwindung. Ermuntern Sie diese Schüler*innen, sich eindeutig abzugrenzen bzw. Position zu beziehen.

Eine Steigerung kann dadurch hergestellt werden, dass die Positionen zunächst sehr leise und dann immer lauter vertreten werden. Dabei ist es hilfreich, zu spüren, wie sich das anfühlt. Die Schüler*innen äußern sich in einem geschützten Rahmen.

Varianten

- Alle schauen sich beim Ja- und Nein-Sagen fest in die Augen.
- Gestik und Mimik können die Aussagen unterstützen.
- Eine Seite schimpft laut und die andere sagt nette Dinge („Das halte ich nicht aus!", „Ich freue mich, dich zu sehen!"). Wie ist dann die Wirkung auf die jeweils andere Seite? Die gegenseitigen Beschimpfungen und Freundlichkeiten sollten in einem vertretbaren Rahmen bleiben!

Stolpersteine

Darum geht's

Wir können über einen Stein stolpern und hinfallen. Das kann Schmerzen verursachen. Das Selbsterfahrungsspiel nutzt diese Erfahrung. Die Lernenden sollen ihre persönlichen Stolpersteine benennen und visualisieren.

 pro Schüler*in ein Stein und ein Stift

So geht's

Sammeln Sie Steine und legen Sie diese im Klassenraum aus. Die Lernenden sollen sich einen Stein aussuchen, der sie anspricht. Erläutern Sie nun die kleine Übung: „Ihr habt nun euren Stein gefunden und haltet ihn in eurer Hand. Nehmt euch ein wenig Zeit, den Stein zu fühlen. Welche Ecken und Kanten hat er? Wie sieht er aus? Versucht, euch nun vorzustellen, dass dieser Stein euer persönlicher Stolperstein ist. Ein Stein also, über den ihr in eurem Leben immer wieder stolpert und der euch zu Fall bringt oder als Hindernis blockiert. Gebt ihm einen Namen, wie z. B. Neid, Ichbezogenheit, Intoleranz, Missgunst. Überlegt ein wenig und schreibt den Namen auf den Stein!" Die fertigen Steine werden für alle sichtbar ausgelegt. Sie können betrachtet werden. Es können auch Gespräche entstehen. Die Stolperstein-Übung kann die Lernenden dabei unterstützen, sich selbst besser zu verstehen und Herausforderungen und Schwierigkeiten im Leben anzunehmen und sie zu überwinden.

Hinweis

Die kleine Übung kann bei passender Gelegenheit wieder aufgegriffen und weitergeführt werden. Die Stolpersteine können von den Schüler*innen im Laufe der Zeit bunt gestaltet werden.

Variante

Die Stolpersteine werden in einer Ausstellung in der Pausenhalle ausgelegt.
Ein kurzer Text erläutert, worum es dabei geht. Vielleicht kann nach und nach daraus eine Schulaktion entstehen.

Meckerecke

Darum geht's

Manchmal ist es wichtig, sich seinen Frust so richtig von der Seele zu reden. Das geht natürlich auch schriftlich. In einem Schreibgespräch teilen sich die Schüler*innen ihren Frust und Ärger mit und reagieren darauf.

 ein großes Plakat, Stifte für alle

So geht's

Legen Sie ein Plakat und Stifte aus und erläutern Sie die Übung: „Ihr habt nun die Möglichkeit, euch über euren Frust zu unterhalten. Das könnt ihr schriftlich tun, ohne dabei laut zu sprechen. Worüber ärgert ihr euch momentan? Was bereitet euch Kummer oder macht euch sogar wütend? Fangt einfach an, es aufzuschreiben. Ihr könnt eure Aussagen auch illustrieren. Damit es auch ein Gespräch wird, könnt ihr auch Aussagen kommentieren und illustrieren (Fragen, Antworten, Symbole, Pfeile, Emojis)."
Im Anschluss betrachten alle in Ruhe das frustige Sprachgewirr.

Hinweis

Weisen Sie die Lernenden darauf hin, dass sie das gesamte Gespräch immer im Blick haben.
Das Plakat wird im Klassenraum befestigt. Es kann immer wieder ergänzt und erweitert werden.

Varianten

- Eine virtuelle Möglichkeit für Schreibgespräche bieten Tools für kollaboratives Schreiben, die auf dem Whiteboard aufgerufen werden können.
- Ein Schreibgespräch kann auch mithilfe von Satzanfängen geführt werden. Auf einem Blatt steht z. B. „Ich ärgere mich momentan über …“. Das Blatt macht die Runde und wer will, kann den Satz vervollständigen.
- In einer zeitlich erweiterten Version liegen mehrere thematische Plakate aus. Die Schüler*innen bewegen sich von Tisch zu Tisch und schreiben ihre Meinung auf.
- Es werden mehrere Kleingruppen mit unterschiedlichen Themenschwerpunkten gebildet.
- Natürlich ist es auch möglich, eine Art „Lobplakat“ zu nutzen, auf dem die Lernenden ihre positiven Meinungen und Anregungen hinterlassen.

Prügelei

Darum geht's

Die Lernenden spielen in einer Softversion eine Prügelei nach und reflektieren die jeweiligen Rollen von Schläger*in und Opfer.

 Zeitung

So geht's

Erklären Sie die Übung: „Wir inszenieren nun verschiedene Schlägereien. Die Waffe ist dabei eine zusammengerollte Zeitung. Zwei Personen stellen sich gegenüber und eine schlägt mit der Zeitung auf die andere ein. Dabei berühren sie sich jedoch nicht. Der*die Prügelnde kann seine*ihre ganze Wut herauslassen und das Opfer reagiert z. B. mit Abwehrhaltungen. Die Zuschauer*innen überlegen sich ihre persönlichen Rollen. Entweder heizen sie den Kampf durch Worte und Bewegungen an oder sie zeigen sich erschrocken. Einschreiten ist nicht erlaubt. Anschließend sprechen wir darüber, wie ihr euch in den jeweiligen Rollen gefühlt habt."

Hinweis

Die Rollen können auch in mehreren Runden getauscht werden.
Evtl. kommt es auch zu einer Lösung des Konfliktes durch eine Versöhnung. Aber darauf sollten die Lernenden selbst kommen.

Variante

In einer weiteren Version können die Zuschauerrollen geändert werden. So können z. B. Einzelne versuchen, den Streit aktiv oder durch Worte zu schlichten.

Achtsames Wahrnehmen

Darum geht's

Viele Probleme und Konflikte im Miteinander entstehen, weil wir nicht vorurteilsfrei beobachten und wahrnehmen. Diese Übung will dazu anleiten.

So geht's

Erläutern Sie den Lernenden die kleine Übung: „Wenn wir Menschen oder Dinge beobachten, haben wir meistens durch unsere Erfahrungen bereits ein Urteil gefällt. Wir bewerten das, was wir sehen. Dadurch entstehen oft Vorurteile, die sich in Konflikten äußern können. Das kann ein Verhalten sein, ein bestimmtes Aussehen, Kleidung, eine Frisur oder der Körper, aber auch eine Geste oder ein mimischer Ausdruck. Es werden Gedanken und Gefühle ausgelöst.
Die Technik der Achtsamkeit will dazu anregen, etwas wahrzunehmen und zu beobachten, ohne es sofort zu bewerten. Unsere Übung besteht nun darin, dass wir uns ruhig hinsetzen oder aus dem Fenster schauen. Schaut euch einfach an, was ihr seht, und versucht, dabei keine Gedanken oder Gefühle zu entwickeln. Bewertet nicht, was ihr seht."
Lassen Sie den Schüler*innen ein wenig Zeit für die Übung, bei der nicht gesprochen wird. Anschließend berichten die Lernenden von ihren visuellen Erlebnissen und wie sie damit umgegangen sind.

Hinweis

Die Übung kann zunächst ein wenig albern wirken, wird aber mit Sicherheit zum Nachdenken anregen. Sie sollte bei passender Gelegenheit wiederholt werden.

Variante

Die Schüler*innen machen eine Wahrnehmungsübung:
Alle schauen aus dem Fenster und beobachten einige Minuten, was sie wahrnehmen. Anschließend schreiben sie ihre Beobachtungen auf. Diese werden verglichen.
Es wird auffallen, dass viele Beobachtungen mit persönlichen (Be-)Wertungen versehen sind.

Gemalte Konflikte

Darum geht's

Mithilfe eines Onlinetools gestalten die Lernenden Cartoons, die einen Konflikt darstellen.

je Schüler*in ein schuleigenes Tablet/Smartphone/ Laptop, Internetzugang

So geht's

Erläutern Sie die Aufgabe:
„Auf der Internetseite www.toonytool.com findet ihr ein einfaches Tool zum Erstellen von Cartoons. Dabei könnt ihr einen Hintergrund und verschiedene Charaktere auswählen. Mithilfe von Sprech- oder Denkblasen könnt ihr Inhalte wiedergeben. Versucht, mithilfe des Tools einen typischen Konflikt darzustellen, den ihr selbst schon erlebt oder gesehen habt. Den fertigen Cartoon tauscht ihr mit einem Partner oder einer Partnerin aus. Versucht dann, (zu Hause oder zu einem späteren Zeitpunkt) zum Konflikt-Cartoon der Partnerin bzw. des Partners ein entsprechendes Konfliktlösungs-Cartoon zu entwerfen.

Hinweis

Die Arbeit kann in einer Unterrichtslücke begonnen und dann individuell eigenverantwortlich weitergeführt werden. Aufgaben müssen nicht immer kontrolliert werden.

Mutanfälle

Darum geht's

Held*innen und Superstars sind voll im Trend. Sie sind mutig und wagen alles, um ihr Ziel zu erreichen. Sie werden bewundert und alle blicken voller Stolz auf sie. Doch wirklicher Mut beginnt ganz klein. Die Schüler*innen überlegen, wie das konkret aussehen könnte.

So geht's

Unterhalten Sie sich mit den Lernenden über Held*innen und Superstars. Was ist Besonderes an ihnen? Ist es ihre Waghalsigkeit oder ihr Mut? Die Schüler*innen sollen im Anschluss in kleinen Murmelgruppen überlegen, in welchen konkreten Alltagssituationen sie mutiger sein könnten und wo sie sich einmischen sollten. Dabei loten sie die Chancen und Grenzen aus. Als Ergebnis könnte ein gemeinsamer Aufruf zu mehr Mut stehen (z. B. „Sei mutig und mische dich ein, wenn andere gemobbt werden!")

Hinweis

Es muss nicht unbedingt ein Ergebnis formuliert werden. Allein das Gespräch über Mut bringt einiges in Bewegung.

Aus Chaos wird Ordnung

Darum geht's

Manchmal helfen ganz einfache Regeln dabei, Unruhe zu beenden und Ruhe herzustellen.

 je Schüler*in Zettel und Stift

So geht's

Jede*r Lernende erhält einen Zettel. Darauf schreiben alle ihre Namen und zerknüllen ihn. Anschließend werfen alle ihre Zettel wahllos in den Klassenraum. Die Aufgabe besteht darin, dass jede*r den Zettel mit dem eigenen Namen findet. Wahrscheinlich wird ein kleines Chaos entstehen.
Es folgt eine zweite Übung: Die Zettel werden erneut geworfen. Fordern Sie die Schüler*innen nun auf, einen Zettel zu nehmen, ihn zu entfalten und der Person zu geben, deren Name auf dem Zettel steht. Die Lernenden reflektieren, was passiert ist und welche Konsequenzen dies für die Klassengemeinschaft haben könnte.

Hinweis

Natürlich sollten die Schüler*innen konkrete Beispiele finden, wie sie sich das Leben gegenseitig schwer machen und wie sie das mit einfachen Methoden ändern könnten.

Ich-Stärke entwickeln

Körperscan

Darum geht's

Beim Bodyscan handelt es sich um eine Übung aus dem Achtsamkeitstraining. Es geht dabei darum, seinen Körper bewusst wahrzunehmen. Im Mittelpunkt steht eine körperliche und psychische Entlastung und Entspannung.

So geht's

Leiten Sie die Lernenden bei dieser Übung in aller Ruhe und behutsam an: „Ich lade euch ein zu einer Reise durch euren Körper. Dazu setzt oder legt ihr euch zunächst bequem hin. ... Schließt die Augen und verweilt einen Moment in Ruhe. ... Atmet gleichmäßig und ruhig und versucht, auch innerlich zur Ruhe zu kommen ... Bei dieser Übung geht es vor allem um Anspannung und Entspannung ... Wir beginnen unsere Reise durch den Körper mit den Zehen am rechten Fuß. Spanne sie kräftig für einige Sekunden an ... und lasse dann los ... Konzentriere dich nun auf die rechte Wade, die du anspannst und wieder loslässt."

Der weitere Körperscan führt nun über Oberschenkel, Gesäß, Rücken, Schulter, Arme, Nacken, Hinterkopf, Stirn, Augen, Kiefer, Zunge, Hals, Brust und Bauch.

„Spannt nun am Ende unserer Reise durch den Körper nochmals alle Muskeln kräftig an und entspannt sie wieder ...

Verweilt nun noch einen Moment und spürt euren Körper ... Wir öffnen nun wieder behutsam die Augen und strecken uns ausgiebig."

Hinweis

Wenn diese Übung eingeübt ist, kann sie immer wieder zwischendurch durchgeführt werden. Die Schüler*innen werden eingeladen, die Übung auch selbstständig zu Hause oder in stressigen Situationen auszuführen.
Es kann für die Schüler*innen hilfreich sein, wenn sie eine Zeichnung mit den einzelnen Körperteilen zur Verfügung haben.

Variante

Bildhafte Impulse können dabei unterstützen, die Körperübung mit Spaß durchzuführen („Stell dir vor, du bist ein*e Bodybuilder*in, der*die die Übung vor dem Spiegel inszeniert!").

Positive Rückmeldungen

Darum geht's

Nur zu nörgeln und zu meckern, kann das Leben ganz schön schwer machen. Dabei ist es viel einfacher, Komplimente zu verschenken und so Mut zu machen.

 Karten und Stifte für alle, dazu Klebestreifen

So geht's

Die Lernenden kleben sich gegenseitig Karten auf den Rücken. Darauf stehen zwei Satzanfänge, die sich jede*r vorher selbst ausgesucht hat („Ich kann …", „Ich bin …", „Ich habe …"). Zunächst bewegen sich alle ruhig im Raum. Nach einem Signal geben sich zwei Schüler*innen, die nahe beieinander stehen, eine positive Rückmeldung, indem sie einen der Satzanfänge auf der Karte des Gegenübers ergänzen. Dabei sollten nur positive Aussagen notiert werden. Lassen Sie je nach Zeit mehrere Runden durchführen.
Am Schluss der Übung nehmen Schüler*innen ihre Schilder ab und können in Ruhe lesen, welche positiven Rückmeldungen sie von der Klasse erhalten haben.

Hinweis

Weisen Sie vor der Übung darauf hin, dass die Lernenden besonders Mitschüler*innen im Blick haben, mit denen sie sonst wenig in Kontakt stehen.
Alle werfen ein besonderes Auge auf Mitschüler*innen, deren Karte noch unbeschriftet ist.

Mein Stärken-Avatar

Darum geht's

Avatare erfreuen sich in der digitalen Welt großer Beliebtheit. Die Schüler*innen gestalten ihren persönlichen Avatar, um so die eigenen realistischen oder erträumten Stärken darzustellen.

je Schüler*in ein schuleigenes Tablet/Smartphone/ Laptop, Internetzugang

So geht's

Als Avatar-Generator nutzen die Lernenden das SP-Studio (www.sp-studio.de), das „Southpark"-Figuren als Grundlage bietet. In dem browserbasierten Tool können sie mit wenigen Klicks Figuren auswählen und sie ganz nach ihren eigenen Vorstellungen gestalten: Körperform, Hautfarbe, Augen, Mund, Frisur und Haarfarbe, Kleidung, Accessoires, Objekte und Hintergründe. Das Ergebnis wird abgespeichert. Anschließend können die Avatare ausgedruckt und präsentiert werden. Das kann auch online geschehen.

Hinweise

- Achten Sie darauf, für diese Übung Schulgeräte zu verwenden und die Ergebnisse nur innerhalb der Lerngruppe zu teilen.
- Falls Zeit bleibt, können die Mitschüler*innen vorab raten, wer der*die Urheber*in des Avatars ist.

Vertrauensübungen

Darum geht's

Eine wichtige Grundlage für ein partnerschaftliches Miteinander ist das gegenseitige Vertrauen. Es wird durch persönliche Erfahrungen geprägt. Die Lernenden führen unterschiedliche Vertrauensübungen durch.

So geht's

Nach einer kurzen Einführung in die Bedeutung von Vertrauen für den*die Einzelne*n und für eine Gemeinschaft werden mehrere Vertrauensübungen in verschiedenen Gruppen durchgeführt.

1. **Sich fallen lassen:** Die Lernenden stehen in einem engen Kreis. In der Mitte steht eine Person, die die Augen schließt bzw. verbunden hat. Sie dreht sich im Kreis und verliert so die Orientierung. Anschließend lässt sie sich fallen und wird aufgefangen. Machen Sie im Vorhinein allen Teilnehmenden deutlich, dass es zwingend notwendig ist, die Person im Kreis aufzufangen. Nach Möglichkeit sollten alle Personen einmal in der Kreismitte sein und aufgefangen werden.
2. **Blindenführung:** Gehen Sie für diese Übung am besten auf den Schulhof. Nun finden sich immer zwei Personen zusammen, wobei eine von beiden die Augen schließt.

Die andere führt sie sicher über den Schulhof, vorbei an den anderen Schüler*innen und über Hindernisse zurück zum Ausgangspunkt. Dann werden die Rollen gewechselt.

Hinweis

Bei den einzelnen Übungen helfen bei Unsicherheiten oder Angst Ermunterungen der Beteiligten.
Nach dem Spielen werden die Erfahrungen gemeinsam reflektiert. Dabei geht es nicht nur um die*den Fallende*n bzw. die Person mit den geschlossenen Augen, sondern auch um diejenigen, die auffangen bzw. führen und damit Sicherheit und Vertrauen stärken.

Varianten

- ✗ In einer Lightversion werden im Klassenraum Gegenstände und Hindernisse aufgebaut, die überwunden werden müssen.
- ✗ Es wird ein kleiner Kreis gebildet, in dem die Außenstehenden ihre Hände nach vorn strecken. Eine Person stellt sich in die Mitte und wird wie ein Pendel hin- und herbewegt.
- ✗ Eine Person legt sich auf den Boden und streckt sich aus. Die Umstehenden legen ihre flachen Hände unter den Körper und heben sie gleichmäßig hoch.

Sich selbstbewusst bewegen

Darum geht's

Die Schüler*innen versuchen, beim Gehen unterschiedliche Haltungen und Emotionen auszudrücken.

So geht's

Die Lernenden bewegen sich frei im Raum. Entfernen Sie dazu mögliche Hindernisse. Geben Sie folgende Anweisungen: „Wir bewegen uns zunächst in aller Ruhe im Raum und konzentrieren uns auf uns selbst. Versucht bitte, alle Anweisungen, die ich gebe, umzusetzen:

Geht wie eine Person, die ...

- ✗ Spaß am Leben hat
- ✗ ein schlechtes Gewissen hat
- ✗ Angst hat
- ✗ verliebt ist
- ✗ ganz stolz ist
- ✗ kein Selbstbewusstsein hat
- ✗ selbstbewusst ist

Hinweise

- Natürlich können Sie sich auch eigene Anweisungen überlegen.
- Im Anschluss können die Schüler*innen eine kurze Rückmeldung geben, wie sie sich gefühlt haben, oder kurze Begründungen abgeben, warum sie sich auf eine bestimmte Art und Weise bewegt haben.

Variante

Die Lernenden können sich weitere Haltungen und Bewegungen überlegen.

Glückskekse

Darum geht's

Ein Glückskeks ist ein Gebäck, in dem sich ein Sinnspruch mit einer Botschaft über das Leben befindet. Die Lernenden gestalten eigene Glückskekssprüche, die motivieren sollen.

 Papier und Stifte für alle, Bindfaden

So geht's

Erläutern Sie den Schüler*innen die Idee der Glückskekse. Erklären Sie ihnen dann, dass sie eigene Glückskekssprüche entwerfen sollen. Verteilen Sie dazu kleine Zettel, auf die sie Impulse, Appelle, Tipps, Sinnsprüche, Zitate, Lebensweisheiten usw. schreiben. Dabei sollten die Texte möglichst kurz sein und eine positive und motivierende Aussage haben (z. B.: „Du bist wertvoll!“, „Du bist ein Original!“, „Nimm dich an, wie du bist, denn du hast nur dich!“, „Wenn du gut zu dir selbst bist, wird das Leben schöner!“) Die Zettel werden eingewickelt und mit einem Faden zusammengebunden.
In einem Gegenstand werden sie gesammelt und nach Bedarf und Gelegenheit können die Lernenden zugreifen und ihre persönlichen Botschaften lesen.

Hinweis

Die Botschaften werden nicht diskutiert. Sie sollen zum Nachdenken anregen und positiv motivieren.

Abb.: © eyewave – stock.adobe.com

Coaching-Tipps

Darum geht's

Aufrecht und selbstbewusst durchs Leben zu gehen, kann dabei helfen, seine Stärken im Blick zu behalten.
Die Schüler*innen formulieren dazu einige Coaching-Tipps und setzen sie konkret um.

So geht's

Erläutern Sie den Lernenden die Coaching-Übung: „Stell dir vor, du bist ein Coach oder eine Coachin, also eine Person, die jemand anderen trainiert und ihm oder ihr wertvolle Tipps gibt. Du bist ein ganz besonderer Berater oder eine ganz besonder Beraterin, der oder die versucht, das Selbstbewusstsein und Selbstvertrauen einer anderen Person zu stärken. Formuliere dazu zunächst einige konkrete Tipps für den Alltag, um euch gegenseitig zu coachen.

Hier einige Beispiele:

- ✗ Nimm beim Sitzen und Gehen eine aufrechte Körperhaltung ein!
- ✗ Sprich mit klarer und deutlicher Stimme!
- ✗ Schaue deinem Gegenüber in die Augen!
- ✗ Denke und rede positiv!

...

Versuche danach, die Tipps konkret auszuprobieren, und sprecht dann untereinander darüber, wie ihr euch dabei fühlt. Diese Übungen könnt ihr zwischendurch immer wieder machen, entweder allein oder gemeinsam."

Hinweise

- Die Übung sollte in Gruppen von zwei bis vier Personen umgesetzt werden. Die Lernenden unterstützen sich gegenseitig.
- Achten Sie darauf, dass besonders dominante Schüler*innen als Coach*in andere unterstützen.
- Die Übungen können auch konkret im Unterrichtsgeschehen bei bestimmten Aktivitäten einbezogen und ausprobiert werden (z. B. Vortrag, Präsentation).
- Selbstbewusstsein einzuüben, ist ein langer Prozess, der auch in Alltagssituationen trainiert werden kann. Ermuntern Sie die Lernenden dazu!

Variante

Die Schüler*innen entwickeln im Laufe der Zeit, wenn sie die Übungen bereits öfter durchgeführt haben, einen kleinen Ratgeber („Sei selbstbewusst!").

Meine Schatzkiste

Darum geht's

Die Lernenden erkunden in einer Fantasiereise ihre persönliche Schatzkiste mit vielen wertvollen Erfahrungen und Mutmachern.

So geht's

Erläutern Sie die Übung: „Ich lade euch zu einer kleinen Fantasiereise ein. Dazu setzt ihr euch bitte bequem hin und schließt am besten die Augen. Stellt euch nun vor, ihr habt eine Schatzkiste vor euch stehen. Schaut sie euch genau an. Es ist eure Schatzkiste, die Kiste eures Lebens. Darin sind viele wertvolle Dinge, die euch wichtig sind. Ihr könnt sie nur mit eurem geistigen Auge sehen, denn ihr könnt sie nicht anfassen. Sie hilft euch, im Leben und besonders im Alltag in der Familie, im Freundeskreis, in der Schule klarzukommen. Es sind viele Erfahrungen, es sind Gefühle und Glücksmomente, es sind Begegnungen und es sind einzelne Menschen. Alle haben sie gemeinsam, dass sie euch Mut machen und immer wieder helfen, Entscheidungen zu treffen und so den richtigen Weg zu gehen. Überlegt ein wenig und öffnet dann in Gedanken eure Schatzkiste. Schaut hinein und erfreut euch an dem, was ihr sehen könnt!"

Lassen Sie die Lernenden einige Minuten in ihrer Gedankenwelt und beschließen Sie die Fantasiereise in Ruhe. „Nehmt die positiven Gedanken und Bilder nun mit in den Tag. Öffnet wieder behutsam die Augen und streckt euch ein wenig aus."

Hinweise

- Leise Musik und ein leicht abgedunkelter Raum können die Übung unterstützen.
- Für diese Übung sollte eine Freiwilligkeit bestehen.
- Es handelt sich hier um eine positive Imaginationsübung. Sie soll den Schüler*innen Mut machen und sie motivieren.
- Die Lernenden können Rückmeldungen über die Erfahrungen der Fantasiereise geben. Es sollte jedoch nicht darüber diskutiert werden.

Variante

Die Lernenden entwickeln selbst Fantasiereisen, die bei passender Gelegenheit durchgeführt werden.

Nähe & Distanz

Darum geht's

Kinder und Jugendliche sollten auch lernen, Grenzen zu setzen. Das können sie in der folgenden Übung spielerisch ausprobieren.

So geht's

Erläutern Sie das Spiel: „Manchmal kommen mir Menschen zu nahe. Das kann körperlich oder auch mit Worten der Fall sein. Das will ich nicht immer zulassen. Dann sende ich ein Signal. Ich gehe einen Schritt zurück oder ich sage deutlich ‚Halt!'. Ich habe das Recht, meine persönlichen Grenzen zu setzen. Und dieses Recht habt ihr auch.
Das wollen wir in einem Spiel ausprobieren: Bildet bitte 2er-Gruppen. Stellt euch einige Meter auseinander. In der ersten Runde bewegt sich Person A langsam auf Person B zu. Diese gibt ein Zeichen, wenn es ihr zu nahe ist (z. B. eine nach vorn gestreckte Hand). Wiederholt das Ganze nochmals. Nun macht A mit Worten deutlich, wenn sie spürt, dass eine Grenze erreicht ist. Sie kann z. B. sagen: ‚Stopp! Bleib stehen!'." Anschließend tauschen Person A und Person B die Rollen.

Hinweis

Die Lernenden können anschließend kurz beschreiben, wie sie die Übung erlebt haben.

Selbstdarsteller

Darum geht's

Das Bild, das ich von mir habe, entspricht oft nicht dem Bild, das andere von mir haben. Es ist ein lebenslanger Prozess, mit sich selbst ehrlich und vertrauensvoll umzugehen. Das Nachdenken darüber lohnt sich!

So geht's

Jeder Mensch will wahrgenommen und beachtet werden. Manche tun viel dafür, um ihre Außenwirkung zu steigern. Vor allem die sozialen Medien bieten dazu ein gutes Forum. Die Lernenden unterhalten sich in kleinen Gesprächsrunden über die Fragen: Wie will ich selbst von anderen wahrgenommen werden? Was tue ich dafür, damit ich beachtet und wahrgenommen werde? Wie denke ich über Menschen, die sich in sozialen Medien überzogen darstellen?

Hinweis

Natürlich können die Lernenden zur Verdeutlichung Beispiele aus den sozialen Medien anschauen und dabei Möglichkeiten und Grenzen diskutieren.

Miteinander reden

Hinter dem Rücken reden

Darum geht's

Es kann ganz schön unangenehm werden, wenn andere hinter meinem Rücken über mich reden. Bei diesem Spiel wird allerdings nicht schlecht geredet, sondern nur positiv.

So geht's

Erläutern Sie das Spiel: „Wir machen es täglich. Auch in dieser Klasse. Wir reden über andere hinter ihrem Rücken. Und meist ist es Tratsch und Klatsch und nicht immer positiv. Bei unserem Spiel machen wir es anders. Ich zeige es euch. Ich setze mich nun mit meinem Rücken zu euch. Und jetzt könnt ihr über mich reden. Aber bitte nur positiv. Ich bin gespannt."
Anschließend kann eine andere Person sich mit dem Rücken zur Klasse setzen und genau hinhören, was über sie gesagt wird.

Hinweis

Es wird für die Schüler*innen zunächst ungewohnt sein, in Gegenwart des*der Betroffenen über ihn*sie zu reden. Und dann auch noch positiv.
Für die Sprechenden und den*die Zuhörer*in wird es allemal spannend.

42

Sprechen ohne Worte

Darum geht's

Wenn wir reden, machen wir dies nicht nur mit unserer Stimme. Unsere Gestik und Mimik unterstützen das gesprochene Wort. Bei dieser Übung entfällt das Sprechen und es ist unser Körper, der sich mitteilt.

So geht's

Sie erläutern zunächst die Übung: „Eure Aufgabe besteht darin, das Thema ‚soziales Miteinander' darzustellen. Dabei dürft ihr jedoch nicht sprechen. Ihr stellt eure Inhalte pantomimisch dar. Bildet dazu gleich 2er-Gruppen. Wählt eine Person aus – diese ist eine Schaufensterpuppe und wird ins Schaufenster gestellt.
Die andere Person darf den Körper der ‚Puppe' Schritt für Schritt formen, um Situationen, Gefühle und Stimmungen anschaulich zu machen. Anschließend versuchen wir gemeinsam, die wesentlichen Aussagen des Standbildes zu beschreiben."

Gefühlswelt

Darum geht's

Überall dort, wo wir zusammen leben, lernen oder arbeiten, haben Gefühle einen großen Einfluss auf unser Denken, Sprechen und Handeln. Die Lernenden gehen der Gefühlswelt auf die Spur und versuchen, diese darzustellen, zu erkennen und zu interpretieren.

Karten, die mit unterschiedlichen Gefühlen beschriftet sind

So geht's

Erarbeiten Sie zunächst die Bedeutung von Gefühlen für eine Gemeinschaft. Was passiert, wenn jemand in der Klasse traurig ist oder glücklich? Wie reagieren die anderen? Lassen Sie im Anschluss ein Spiel stattfinden: Wählen Sie eine Person aus und zeigen Sie dieser die oberste Gefühlskarte. Nun muss die Person das Gefühl darstellen, ohne es auszusprechen. Das kann mit Umschreibungen geschehen oder mit Gestik und Mimik. Die anderen erraten das jeweilige Gefühl und erläutern kurz seine Bedeutung für die Klassengemeinschaft.

Hinweise

- Es geht bei diesem Spiel nicht nur um das Raten von Gefühlswörtern. Die Lernenden sollen sich in die Gefühle hineindenken und -fühlen und so Empathie entwickeln.
- Das Spiel wird noch intensiver, wenn die Gefühle ohne erkennbaren Gesichtsausdruck dargestellt werden müssen (z. B. mithilfe einer Maske, Papier mit ausgeschnittenem Mund und Augen o. Ä.).

Varianten

- Die Spieler*innen malen das Gefühl an die Tafel (Emojis, Gesichter, Körperhaltungen usw.).
- Die Gefühle kommen selbst zu Wort und beschreiben sich („Ich bereite den Menschen Kummer, wenn ich anwesend bin.“).
- Die Lernenden malen auf Karten Gesichter, die ein Gefühl ausdrücken. Die Karten werden gemischt und anschließend gezeigt und erraten bzw. erläutert.

Ge(h)spräche

Darum geht's

Kommunikation und Bewegung schließen sich nicht aus. Bei dieser Übung steht das Miteinanderreden im Mittelpunkt. Das geschieht nicht im Klassenraum, sondern im Freien und beim Gehen.

So geht's

Gehen Sie für diese Übung am besten mit der Klasse auf den Schulhof. Die Schüler*innen finden sich in Kleingruppen (wenn möglich zu zweit oder zu dritt) zusammen, legen eine kurze Strecke auf dem Schulgelände zurück und können sich dabei in aller Ruhe zu einem bestimmten Thema unterhalten. Geben Sie einen Zeitrahmen für die Gespräche vor und weisen Sie darauf hin, dass alle Gruppenmitglieder sich an dem Gespräch beteiligen sollen.

Hinweise

- Damit es auch wirklich zu einem Gespräch kommt, ist es sinnvoll, die Größe der Ge(h)sprächsgruppen möglichst klein zu halten.
- Manchmal ist es sinnvoll, ein Gesprächsthema vorzugeben (z. B. „Wie fühle ich mich in unserer Klasse? Was können wir tun, um die Gemeinschaft zu stärken?").

Variante

Diese Kommunikationsmethode bietet sich auch als aktivierende Methode im regulären thematischen Unterricht an.

Redefluss

Darum geht's

Quasselstrippen reden ununterbrochen. Manchmal fragt man sich, wie so etwas möglich ist. Bei diesem Kommunikationsspiel versetzen sich die Schüler*innen in die Rolle eines Dauerredners bzw. einer Dauerrednerin.

So geht's

Zwei Lernende sitzen sich gegenüber. Beide sollen sich gegenseitig etwas erzählen. Das Gesprächsthema können sie frei wählen. Die einzige Regel lautet: Es darf keine Gesprächspause geben – es muss ununterbrochen geredet werden! Es sollte allerdings kein Unsinn erzählt werden. Wenn einem*einer Gesprächspartner*in nichts mehr einfällt, scheidet er*sie aus und die andere Person sucht sich ein neues Gegenüber. Am Ende treten zwei Personen zum Finale an.

Hinweis

Im Anschluss an das „Finale" reflektieren die Lernenden ihre Gesprächserfahrungen. Ist ihnen das Dauerreden schwergefallen? Gab es Themen oder Gesprächspartner*innen, bei denen sie besser am Ball bleiben konnten?

Variante

Es werden zwei Kreise gebildet, ein innerer und ein äußerer. Jeweils zwei Personen sitzen sich gegenüber und führen ein Gespräch. Nach zwei Minuten Gespräch rücken alle Personen des Innenkreises einen Platz nach links.

Wahrheit oder Pflicht

Darum geht's

Die Lernenden setzen sich mithilfe des Spiels „Wahrheit oder Pflicht" mit konkreten sozialen Situationen und Aktionen auseinander.

So geht's

Die Lernenden setzen sich in einem Kreis zusammen.
Erläutern Sie das Spiel: „Wir werden nun das Spiel ‚Wahrheit oder Pflicht' spielen. Dabei stehen soziale Beispiele im Mittelpunkt. Ich werde beginnen und stelle an den Ältesten oder die Älteste zunächst die Frage ‚Wahrheit oder Pflicht?'.
Er oder sie entscheidet sich für eine Möglichkeit. Bei ‚Wahrheit' werde ich eine soziale Entscheidungssituation beschreiben und du musst ehrlich antworten, was du in dieser Situation tun würdest.
Ein Beispiel: ‚Du siehst, dass ein Mitschüler oder eine Mitschülerin geärgert wird. Was tust du?'
Wählst du ‚Pflicht', erhältst du eine Aufgabe, die du sofort erledigen musst.
Ein Beispiel: ‚Sage der Person rechts neben dir, was du gut an ihr findest!'"
Sie beginnen nun mit dem Spiel. Nachdem die ausgewählte Person fertig ist, wählt diese eine andere Person aus usw.

Hinweise

- Falls eine Person eine Frage nicht beantworten oder eine Aufgabe nicht durchführen will, hat sie einen Joker zur Verfügung.
- Die sozialen Situationen sollten aus der Lebenswelt der Schüler*innen stammen. Die Aktionen dürfen keine Grenzen überschreiten und niemanden bloßstellen.

Variante

Es werden im Vorfeld soziale Entscheidungssituationen und konkrete Aufgaben gesammelt und in zwei Behälter gelegt. Der*die Fragende zieht dann die entsprechende Frage bzw. Aufgabe. So werden lange Nachdenkphasen vermieden und das Spiel läuft flüssiger.

Bilderrätsel Kommunikation

Darum geht's

Die Lernenden formulieren in einem Satz wesentliche Erkenntnisse für gemeinsame Gespräche. Diese setzen sie in Bilderrätsel um und tauschen sie zum Lösen untereinander aus.

 Stift und Papier für alle, vorbereitetes Beispiel

So geht's

Erläutern Sie den Lernenden die Aufgabe: „Wir wollen uns nun ein wenig mit dem Thema Kommunikation beschäftigen. Bildet dazu 2er-Gruppen. Formuliert zuerst einen prägnanten, kurzen Satz, der ausdrücken soll, was bei einem gemeinsamen Gespräch wichtig ist.
Beispiel: ‚Nur wenn ich zuhöre, kann ich auch antworten!', ‚Auch wer schweigt, sagt etwas!', ‚Ich lasse dich aussprechen!' Im nächsten Schritt macht ihr aus eurem Satz ein Bilderrätsel." Bringen Sie als Inspiration ein vorbereitetes Beispiel mit und erarbeiten Sie bei ausreichend Zeit ein Beispiel in der Klasse. Anschließend bearbeiten alle Teams ihren eigenen Satz. Sind alle fertig, werden die Bilderrätsel mit einem anderen Team getauscht. Das Lösen des Rätsels kann beginnen.

Hinweis

Die Tipps für ein gutes Gespräch sollten nach Möglichkeit analog oder digital gesammelt werden.

Variante

Auf der Internetseite https://puzzlemaker.discoveryeducation.com finden sich Rätsel-Generatoren, die für das Thema Kommunikation genutzt werden können.

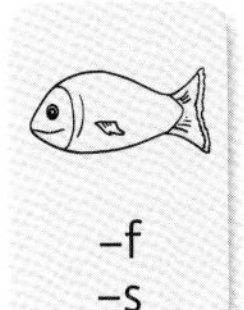

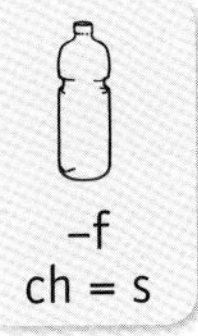

Position beziehen

Darum geht's

Bei dieser Übung steht zunächst die nonverbale Kommunikation im Mittelpunkt, indem die Lernenden körperlich im Raum ihre Position zu einer Problemfrage darstellen.

So geht's

Formulieren Sie zunächst eine provokative These bzw. Situation zu einem Thema des sozialen Verhaltens. Beispiel: Wie werde ich mich verhalten, wenn sich auf dem Schulhof zwei Personen lautstark streiten? Wählen Sie vier mögliche Antworten, für die jeweils eine Ecke des Klassenraums steht. Beispiel:

1. Ich mische mich nicht ein.
2. Ich versuche, zwischen den Streithähnen zu schlichten.
3. Ich infomiere die Pausenaufsicht.
4. Ich beobachte das Spektakel.

Stellen Sie die Situation und die unterschiedlichen Positionen mit den entsprechenden Ecken vor. Die Schüler*innen sollen ihre Position auswählen.
Es folgt ein Austausch innerhalb der vier Gruppen, indem die Argumente für die Entscheidung besprochen werden.
Bei genügend Zeit werden die Gruppen für ein Reflexionsgespräch gemischt.

Hinweis

Falls Bedarf für ein weiterführendes Gespräch besteht, kann die Positionierung fotografiert werden.

Variante

Statt vier Positionen werden zwei Extrempositionen in zwei Ecken formuliert. Beispiel:

1. Ich würde mich niemals in Streitigkeiten anderer Personen einmischen.
2. Auf jeden Fall muss ich mich einmischen.

Die Schüler*innen können nun zwischen den zwei Positionen Stellung beziehen und somit ihre Meinung noch genauer ausdrücken.
Das Entscheidungsspiel kann auch digital mithilfe eines Whiteboards umgesetzt werden.

Detektivinnen unterwegs

Darum geht's

Bei diesem Kommunikationsspiel stehen besonders Mimik und Gestik im Mittelpunkt. Auch ist es wichtig, dass alle Blickkontakt halten. So geht es auch um ein konzentriertes Tun.

 Kartenspiel

So geht's

Sie benötigen für dieses Spiel ein Kartenspiel. Die Aufgabe besteht darin, einen gefährlichen Verbrecher zu finden. Dazu werden alle Karten verteilt. Unbedingt dabei sein müssen die vier Damen und der Pik-Bube. Er ist der gesuchte Verbrecher und die Damen sind die Detektivinnen.
Alle anderen sind potenzielle Opfer. Alle bewegen sich langsam im Raum. Weisen Sie die Schüler*innen vor Spielbeginn darauf hin, dass sie immer mit verschiedenen Personen Blickkontakt haben müssen. Durchgehendes In-die-Luft- oder Auf-den-Boden-Gucken ist nicht erlaubt! Der Täter versucht, seine Opfer durch Zuzwinkern zu treffen. Die Getroffenen zählen bis vier und setzen sich hin. Die Detektivinnen (Damen) müssen genau achtgeben, um den Verbrecher dingfest zu machen. Haben sie eine Vermutung, zücken sie ihre

Karte und zeigen sie der Person, die sie verdächtigen. Falls die Vermutung richtig ist, haben die Damen gewonnen. Wenn die Vermutung falsch war, geht das Spiel weiter. Aber der Pik-Bube kennt nun mindestens eine Dame und versucht, sie auszuschalten. Eine getroffene Detektivin bleibt starr auf der Stelle stehen. Wenn alle Detektivinnen abgezwinkert sind, hat der Täter gewonnen.

Hinweise

- Das Spiel sollte konzentriert und in aller Ruhe durchgeführt werden.
- Die Zahl der Detektivinnen kann auch verringert werden.
- Im Mittelpunkt steht die nonverbale Kommunikation. Daher sollte darauf geachtet werden, dass nicht gesprochen wird.
- Unter dem Aspekt der Kommunikation sollte das Spiel reflektiert werden. Das kann natürlich auch nonverbal geschehen, in schriftlicher Form, aber auch durch malen, menschliche Skulpturen etc.

Pantomimische Botschaften

Darum geht's

Die Schüler*innen drücken mimisch und gestisch aus, was ihnen bei der Kommunikation wichtig ist. Das geschieht in einer Art pantomimischer Kette.

So geht's

Im folgenden kurzen Spiel geht es um das Thema „Was ist mir wichtig, wenn wir miteinander sprechen?". Das sollen die Schüler*innen aber nicht verbal, sondern mit Mimik und Gestik ausdrücken.
Beispiel: „Ich muss laut und deutlich sprechen, damit mich alle gut verstehen können!" Das kann z. B. mit ausdrücklichen, deutlichen Mundbewegungen dargestellt werden. Die Person, von der dieser Tipp stammt, drückt dies mimisch aus. Diese Pantomime wird von allen gemeinsam ausgeführt. Eine Person versucht, den Tipp mit Worten zu übersetzen. Das Spiel geht weiter.

Hinweis

Die Schüler*innen müssen bei diesem Spiel gedanklich und körperlich Kreativität zeigen. Zugleich sollen sie Erkenntnisse über Kommunikation erwerben und weitergeben.

Soziale Werte

Provokante Sinnsprüche

Darum geht's

In Aphorismen oder Sinnsprüchen werden Lebensweisheiten in einem kompakten Satz zusammengefasst. Zum Themenbereich „Soziales Lernen" gibt es vielfältige Sprüche, die zu einer lebensnahen Diskussion anregen können.

So geht's

Schreiben Sie den folgenden Satz an die Tafel: „Sei freundlich zu unfreundlichen Menschen. Sie brauchen es am meisten." Der provokative Appell wird sehr schnell zu einer anregendenden und kontroversen Diskussion zum Thema „Freundlichkeit" führen. Und natürlich sollte darauf geachtet werden, dass die Erkenntnisse der Diskussion auf die Klassengemeinschaft übertragen werden.

Varianten

Ähnliche Aussagen:

- ✗ „Der Ehrliche ist der Dumme!"
- ✗ „Wer sich auf andere verlässt, ist verlassen!"
- ✗ „Mitleid erhält man geschenkt. Neid muss man sich verdienen."

- Bei der Formulierung von herausfordernden Weisheiten kann es hilfreich sein, positive Aussagen auf den Kopf zu stellen und so das Gegenteil der Aussage zu formulieren: Aus „Jeder ist seines Glückes Schmied“ wird dann „Jeder ist seines Glückes Störenfried“.

Wortwolken

Darum geht's

Werte sind Einstellungen, die in einer Gesellschaft anerkannt sind und den Menschen Orientierung geben können. Die Schüler*innen sammeln in einer Wortwolke positive und negative Werte und besprechen deren Bedeutung für die Klassengemeinschaft.

je Schüler*in ein schuleigenes Tablet/Smartphone/Laptop, Internetzugang, alternativ Stifte und Papier

So geht's

Erläutern Sie kurz mit einem Beispiel die Bedeutung von sozialen Werten. Stellen Sie anschließend die Aufgabe, soziale Werte zu sammeln. Bilden Sie dabei zwei Gruppen: Eine Gruppe lenkt den Fokus auf positive Werte (z. B. Hilfsbereitschaft, Toleranz, Respekt), die andere auf negative (z. B. Neid, Unfreundlichkeit, Vorurteile, Hass). Am Ende der Sammelphase oder auch sofort werden die Werte in zwei Wortwolken visualisiert. Dazu können die Lernenden z. B. das Tool www.wortwolken.com nutzen.
Die Wortwolken werden gespeichert, ausgedruckt und in einer nächsten Unterrichtslücke besprochen.

Hinweis

Die fertigen Wortwolken werden gut sichtbar im Klassenraum befestigt bzw. in einer Cloud oder einer digitalen Pinnwand für alle verfügbar abgelegt.
Die Sammelphase kann in einem gemeinsamen Etherpad (https://yopad.eu) umgesetzt werden, sodass die Werte auch zu Hause ergänzt werden können. Es wird ein zeitlicher Endpunkt festgelegt und einige Schüler*innen übernehmen dann die Gestaltung der Wortwolken.

Variante

Natürlich können Wortwolken auch analog mit bunten Stiften erstellt werden.

Wertepyramide

Darum geht's

Auch in einer Klassengemeinschaft ändern sich die Prioritäten bzgl. der Beliebtheit einzelner Werte. Dafür gibt es unterschiedliche Auslöser. Einmal ist der Zusammenhalt wichtig, dann wieder der Respekt gegenüber einzelnen Personen. Eine Wertepyramide bietet die Möglichkeit, diesen Wertewandel immer im Blick zu behalten.

Papier, Stifte, Scheren, evtl. weitere Bastelmaterialien

So geht's

Die Schüler*innen versuchen, in einem Gespräch herauszufinden, welche Werte für eine gute Klassengemeinschaft wichtig sind. Dazu erstellen sie an der Tafel eine Werteliste. Jede*r hat nun die Möglichkeit, die seiner*ihrer Meinung nach fünf wichtigsten Werte anzukreuzen. So entsteht eine Prioritätenliste mit den für die Klasse wichtigsten Werten. Einige Schüler*innen übernehmen die Aufgabe, die Ergebnisse in eine gebastelte Pyramide und die anderen Werte auf weitere Karten zu übertragen. Die Wertepyramide kann bei passender Gelegenheit und Zeit immer wieder überprüft und korrigiert werden.

Hinweis

Für die persönliche Entscheidung ist es hilfreich, die einzelnen Werte mit konkreten Beispielen zu erläutern.

Variante

Natürlich besteht auch die Möglichkeit einer digitalen Version der Wertepyramide. Dazu kann innerhalb kürzester Zeit mit dem Tool www.mentimeter.com/de-DE auf schuleigenen Geräten eine Prioritätenliste erstellt werden. Auch diese kann immer wieder durch eine neue Umfrage aktualisiert werden.

Haus der Werte

Darum geht's

Die Lernenden bauen nach und nach ein „Haus der Werte“. Jeder Werte-Baustein wird kreativ mit Farben, Symbolen und Schriften entfaltet.

Scheren, Pappe, Papier, Stifte, je nach Bedarf weitere Bastelmaterialien

So geht's

Die Schüler*innen überlegen, welche Werte für eine gute Klassengemeinschaft wichtig sind. Die so erstellte Werte-Liste enthält die Bausteine für das „Haus der Werte“ (z. B. Fairness, Vertrauen, Mut). Wie das Haus aussehen soll und wie viele Bausteine benötigt werden, planen die Konstruktionsgruppen. In Kleingruppen werden die Werte-Bausteine kreativ ausgestaltet. Wenn die Bausteine fertiggestellt sind, werden sie zu einem Haus zusammengebaut. Wie bei einem richtigen Hausbau gibt es auch hier viele Bauphasen, es können also immer wieder Leerlaufphasen im Unterricht genutzt werden. Das Werte-Haus soll ein Sinnbild für die Klassengemeinschaft darstellen. So können sich Gespräche immer wieder darauf beziehen.

Hinweis

Sie können aus dem Werte-Haus ein größeres Projekt machen, indem z. B. die Konstruktionsgruppen auch für das Material zuständig sind. Leere Kisten sind z. B. in Schuhhäusern oder anderen Geschäften erhältlich. Viele Baumärkte unterstützen Schulen auch mit kostenlosen Materialien.
Das bunte Haus kann nach einiger Zeit auch in der Pausenhalle als Blickfang aufgestellt werden.

Variante

In einer klassenübergreifenden Schulaktion kann ein solches Haus auch in den Pausen von bereitwilligen und kreativen Bauarbeiter*innen erbaut werden.

Überlebenskoffer

Darum geht's

In kritischen Situationen bewährt sich eine Gemeinschaft. Die Klasse soll zeigen, ob gemeinsam eine Krise überwunden werden kann.

So geht's

Erläutern Sie den Lernenden die Übung: „Das folgende Entscheidungsspiel verlangt von euch, dass ihr euren Blick ein wenig von euch selbst weg auf die Interessen der Klassengemeinschaft richtet. Ihr wollt gemeinsam eine schöne Zeit auf einer einsamen Insel verbringen. Dazu könnt ihr aber nur zehn Dinge mitnehmen. Diese Dinge können nicht nur Gegenstände (z. B. ein Messer), sondern auch Werte (z. B. Mut) sein, die ihr brauchen werdet.
Ihr könnt auch vorher einige Rahmenbedingungen festlegen (z. B.: Auf der Insel gibt es keinen Strom). Da die Reise sehr schnell beginnt, habt ihr nur zehn Minuten Zeit für eure Entscheidung."
Es werden fünf Gruppen gebildet, die jeweils zwei Dinge auswählen und auf Karten schreiben. Anschließend werden die Gegenstände mit einer Begründung vorgestellt.

Hinweis

Wenn die Lernenden schlau sind, machen sie Absprachen mit anderen Gruppen. Will eine Gruppe unbedingt ein Handy dabeihaben, muss sie einen Stromerzeuger und Benzin oder Solarzellen haben. Und natürlich einen Internetzugang. Wegen der Kürze der Zeit wird es spannend, denn es muss verhandelt werden.
Das Spiel kann je nach Zeit mit den unterschiedlichsten Rahmenbedingungen und Regeln gespielt werden.

Variante

Das Spiel kann in einer erweiterten Form auch digital umgesetzt werden. Dabei wird ebenfalls ein Zeitlimit gesetzt („bis zum Beginn der nächsten Unterrichtsstunde“).

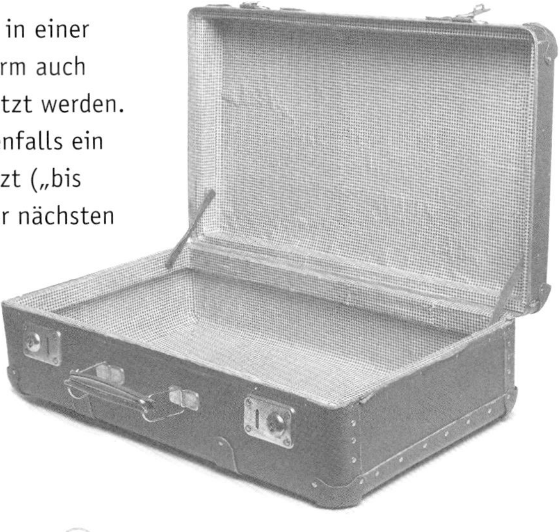

Neue soziale Berufe

Darum geht's

Die Schüler*innen überlegen, welche Berufe es gibt, die das soziale Verhalten der Menschen unterstützen. In einem Gedankenexperiment erfinden sie neue Berufe mit ganz neuen Aufgaben.

So geht's

Erklären Sie die kurze Übung: „Es gibt bereits viele Berufe, bei denen es darum geht, anderen Menschen zu helfen und das Zusammenleben zu verbessern: Feuerwehrleute, Polizeikräfte, Sanitäter und Sanitäterinnen, Altenpfleger und Altenpflegerinnen, ... Überlegt euch einmal, welche besonderen Berufe es noch geben müsste. Dabei könnt ihr eurer Fantasie freien Lauf lassen. Versucht dabei, den neuen Beruf nicht nur zu nennen, sondern auch zu begründen, warum es ihn unbedingt geben muss. Ich denke z. B. an Mutmacher und Mutmacherinnen, die immer dann arbeiten, wenn Menschen resignieren und aufgeben wollen. Oder an ein Seelentröster, die Menschen beistehen, wenn sie traurig sind." Die Lernenden nennen nun eigene Ideen.

Hinweis

Die Beispiele werden gesammelt und aufgehängt. Weitere interessante Fragen können das Gespräch vertiefen: Wie sollte die Ausbildung für einen solchen Beruf aussehen? Welche Voraussetzungen muss jemand mitbringen? Wie könnte der Arbeitsalltag bei einem solchen Beruf aussehen?

Varianten

- Die Lernenden entwickeln entsprechende Aufgaben für ihre Klassengemeinschaft. Wer könnte welchen Job gut ausüben und wie könnte das dann das gemeinsame Lernen und Zusammensein beeinflussen?
- Die Lernenden ergänzen die Klassendienste um soziale Aufgaben, deren Einsatz von allen ernst genommen wird. Diese Aufgaben werden nach und nach neu besetzt.

Miesmachersprüche? Nein, danke!

Darum geht's

Wir hören immer wieder viele Gründe, warum man etwas nicht tun sollte. Wie wäre es mal mit Ermunterung?

So geht's

Erläutern Sie die Idee und die Aufgabe: „Es gibt viele Menschen, die durch ihr Reden und Tun täglich die Welt ein wenig besser machen. Oft machen sie dies leise und unbemerkt. Lauter und wirksamer sind meist die Miesmacher*innen und die Verweigerinnen und Verweigerer mit ihren Ausreden: ‚Es gibt viel zu tun. Lassen wir es sein!' Miesmacher*innen jammern am liebsten den ganzen Tag. Sie haben keine Lust, selbst aktiv zu werden, und reden alles schlecht. Oft sind es ganz platte Sprüche und pauschale Behauptungen, mit denen sie ihr Nichtstun rechtfertigen. Die lauten etwa:

- ✗ ‚Das sind die doch selber schuld!'
- ✗ ‚Der Ehrliche ist der Dumme!'
- ✗ ‚Wir können da sowieso nichts mehr ändern!'

...

Eure Aufgabe besteht nun darin, positive Motivationsaussagen zu formulieren, die ihr vielleicht bei nächster Gelegenheit einem*einer Miesmacher*in entgegensetzen könntet."
Nennen Sie einige Beispiele:

- Wenn wir etwas gemeinsam tun, werden wir etwas erreichen!
- Wir können die Welt besser machen!
- Wenn einer anfängt, wird dies Wellen schlagen!

Hinweis

Ein analoges Sammelmedium wäre die Tafel. Viel effektiver und motivierender wäre natürlich ein neuer Instagramaccount, der nach und nach gefüttert wird.

Variante

Gemeinsam mit den Lernenden könnte überlegt werden, welche anregende Wirkung ein solcher Aufruf in den sozialen Medien haben könnte.

Good News

Darum geht's

Schlechte Nachrichten gibt es immer und überall. Wenn man gute Taten beobachtet, sollte man dies auch weitersagen. Die Schüler*innen entwickeln eine Internetseite, auf der nur gute Nachrichten zu finden sind.

 schuleigenes Tablet/Smartphone/Laptop

So geht's

„Only bad news are good news" lautet ein Spruch, der ausdrücken will, dass unsere Medien von schlechten Nachrichten leben. Und auch privat spielen Tratsch und Klatsch nicht selten eine wichtige Rolle. Wie wäre es, den Blick einmal ausschließlich auf gute Nachrichten zu richten? Die Aufgabe der Lernenden besteht darin, 5 Minuten zu sammeln, was sie in den letzten Tagen an guten Nachrichten gehört haben. Das können (anonymisierte) Erlebnisse aus dem persönlichen Umfeld sein oder gute Nachrichten aus dem Dorf, der Stadt, der Region, dem Land oder aus der Welt.
Denn: Es gibt sie noch, die guten Menschen mit guten Taten. Legen Sie dazu eine virtuelle Pinnwand oder eine Website, die z. B. mit der Seite https://tools.fobizz.com erstellt werden kann, an.

Hinweis

Für ein längeres Projekt wird die Good-News-Idee geplant und Schritt für Schritt umgesetzt, z. B. auch über eine eigene Website. Das Projekt kann sich über ein ganzes Schuljahr ziehen, sodass immer wieder daran gearbeitet werden kann.

Variante

Die Schüler*innen gestalten in der Schülerzeitung eine Spalte zum Thema „Gute Nachrichten aus unserer Schule“.

Werte-Theater

Darum geht's

Die Schüler*innen stellen soziale Werte pantomimisch dar und vertiefen damit deren Verständnis.

 Zettel und Stift

So geht's

Schreiben Sie unterschiedliche soziale Werte auf einzelne Zettel (z. B. Fairness, Verantwortung, Hilfsbereitschaft, Toleranz, Respekt). Dann werden zwei Gruppen gebildet. Eine Person aus der ersten Gruppe zieht einen Zettel und versucht anschließend, den darauf notierten Wert pantomimisch darzustellen. Dabei dürfen auch andere Personen in die Darstellung miteinbezogen werden.

Die andere Gruppe rät, um welchen sozialen Wert es sich dabei handelt. Dabei ist eine zeitliche Vorgabe (z. B. 20 Sekunden) einzuhalten. Wenn die Gruppe den Begriff errät, ist sie an der Reihe und darf den nächsten Begriff darstellen. Errät sie ihn nicht innerhalb der vorgegebenen Zeit, zieht die erste Gruppe einen neuen Begriff.

Hinweis

Das Wertequiz kann als Wettbewerb gestaltet werden, indem für geratene Begriffe Punkte vergeben werden.

Variante

Die Werte werden mit Worten erklärt oder gemalt.

Wünsche-Regen

Darum geht's

Was brauche ich, um gesund, fit und zufrieden zu sein? Das sind nicht nur materielle Dinge, sondern auch Einstellungen, Gefühle und Wertvorstellungen. Die Lernenden formulieren Wünsche und tauschen sich darüber aus.

So geht's

Erläutern Sie die Idee: „Was brauchst du eigentlich, um dich gut zu fühlen? Vielleicht denkst du als Erstes an irgendwelche Dinge, wie ein Smartphone oder neue Kleidung. Nein, das ist mit dieser Frage nicht gemeint. Es geht um ganz andere Dinge, wie z. B. deine Gefühle, die dich zufrieden sein lassen. Und es geht um Werte, die du brauchst, um vor allem psychisch gesund zu bleiben. Eigentlich kann man all diese Dinge nicht anfassen. Sie sind in uns. Eure Aufgabe besteht darin, möglichst viele Wünsche für andere zu formulieren und auf Zettel zu schreiben.
Beispiel: ‚Ich wünsche dir viele Freundinnen und Freunde, denen du vertrauen kannst!' ‚Ich wünsche dir positive Gedanken. Sie helfen dir, zufrieden zu sein!'

Anschließend werft ihr diese Wünsche-Zettel in die Luft. Dann spazieren wir einige Minuten durch den Raum und alle können Zettel aufheben, über das Geschriebene nachdenken oder sich darüber mit jemandem unterhalten. Viel Spaß und gute Erkenntnisse!"

Hinweis

Die Wünsche können am Ende wieder eingesammelt und bei passender Gelegenheit wieder verwendet werden.

Variante

Wer möchte, kann einen Wunsch mitnehmen und diesen einem anderen Menschen schenken.

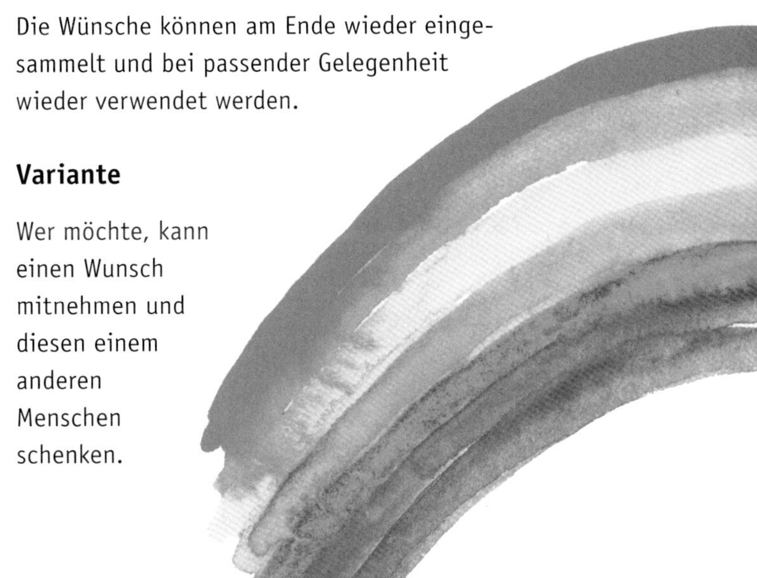